Verführungen

Krug & Schadenberg

Inhalt

Viola Roggenkamp

Seidenprobe

Als ich sie das erste Mal sah, hatte ich keine Ahnung, daß sie sich etwas vorgenommen hatte. Daß sie sich etwas mit mir vorgenommen hatte. Was sie sich vorgenommen hatte, war: eine lesbische Frau.

Zum ersten Mal in ihrem Leben.

Es traf mich.

Sie wollte eine Frau kennenlernen, die Frauen liebt. Und diese Frau wollte sie für sich erobern.

Ich sah sie und wollte sie, ohne zu wissen, daß sie sich bereits über mich erkundigt hatte. Ich sah ihren übermütigen Blick. Sie flirtete mit mir. Sie sah meine Lust und erkannte mein Begehren nach ihrer Weiblichkeit. Ich sah eine Frau, die mit Männern lebte. Diese attraktive Frau wegnehmen. Den Männern wegnehmen.

Wir saßen alle drei am Küchentisch. Wir waren zu dritt, und es war Konrads Küchentisch. Es war seine Küche in seiner Wohnung. Und es war sein Geburtstag. Er war vierundvierzig Jahre alt geworden. Genauso alt wie sie. Wir kannten ihn beide und hatten einander nie kennengelernt.

Ihre Lippen waren rot geschminkt. Ich hörte ihr gar nicht zu. Sie sprach, um ihre Stimme in unterschiedlichsten Schattierungen vorzuführen. Bestimmt für mein Ohr. Sie sprach über die amerikanische Frauenbewegung und über die militanten Lesben, die ihr unbehaglich gewesen waren. Ich trug an diesem Abend ein Oberhemd meines Vaters, so weit aufgeknöpft, daß meine Brüste zu sehen waren. Darüber ein schwarzes Bolero zu blauen Jeans. Ich sah nicht militant aus.

Sie trug schwarze Strümpfe und schwarze Pumps und darüber nur einen langen, weiten weißen Pullover, unter dem sie ihren vollen Busen verbarg. Sie schützte ihre Weiblichkeit. Sie sah militanter aus.

Später behauptete sie, es seien Leggings gewesen, und nie wäre sie bloß in Strumpfhosen gekommen. Was immer es war, es waren ihre kräftigen Waden.

Sie war nicht dünn. Sie war beinahe schlank. Aber eher nicht. Sie hatte einen kleinen Bauch und Hüften und einen runden Hintern, den sie beim Gehen wiegen konnte. Das konnte sie aber auch lassen. Ganz wie sie wollte. Überschritt ich ihre Grenze und kam ich ihr zu nahe, so daß sie nicht mehr auszuholen vermochte, um mich abzuwehren, konnte sie sich aufblasen wie ein kleiner Kugelfisch, dabei innerlich dünn und gespannt wie ein Seil.

An diesem ersten Abend hätten wir sofort im Bett landen können. Oder auf dem Teppich. Oder auf Konrads Küchentisch. Mir fiel auf, daß es nicht etwa meine Lust allein war, die hier eine kluge Frau gierig auf ihren Körper reduzierte. Sie wollte so begehrt werden. Von mir. Um meiner sicher sein zu können. Der anderen Frau.

Auch vor diesem Mann?

Oder machte sie mich ganz einfach an wie einen Mann? Ich hätte das genießen können, wäre der Mann nicht Zeuge gewesen.

Sie aß, während sie sprach. Käse und Brot. Konrad hatte alles vor ihr aufgebaut und sich dann vor sie hingesetzt. Die Tischplatte dazwischen. Ich sah zu, wie sie die Schale vom Camembert abschnitt und sich das weiche, cremigweiße Innere in ihren Mund stopfte. Sie tat es mit Vorsicht. Um den Lippenstift nicht zu verschmieren. Sie öffnete ihre Lippen zu einem O und stülpte sie dann leicht gekräuselt über den Bissen. Küssen und verschlingen. Ich sah ihr zu. Konrad auch. Dann sah ich auf Konrad, wie er halb über dem Tisch liegend von ihrem Teller die Käserinden sammelte und sie Stück für Stück verzehrte.

Warum ißt du denn nicht richtig? fragte ich ihn, denn dieser Anblick machte mich wütend auf sie, und genau dieses Gefühl wollte ich jetzt nicht haben.

Oh, ich esse gern die Rinden, sagte er und lag mit seinem Gesicht auf ihrem Teller. Das wurde ihr unangenehm vor mir. Im selben Moment begann ich mich vor ihm zu ekeln.

Ich fuhr sie nach Hause. Sie war mit Vorbedacht ohne Auto gekommen. Die lustvolle Spannung zwischen uns war Genuß. Sprechen konnten wir nicht. Meine Hände lagen auf dem Steuerrad.

Ohne sie zu berühren, griff ich über ihren Schoß hinweg nach dem Türgriff und öffnete den Wagen für sie von innen. Wir standen vor ihrem Haus. Sie hatte erwartet, ich wollte, daß sie sich von mir küssen ließe.

Du kannst mich ja vielleicht mal anrufen, sagte ich lächelnd zu ihr. Meine Lippen waren feucht vor Erregung. Sie war sprachlos. Dann legte sie mir einen Kuß wie eine leise Berührung auf die Wange. Und ich war sehr zufrieden mit mir.

Zu Hause erst fühlte ich unruhevoll, daß wir uns voneinander hätten trennen können, wenn wir miteinander geschlafen hätten.

Drei Wochen später stand ich in ihrem Büro, neben ihrem Schreibtisch. Unangemeldet. Ihrer Sekretärin hatte ich rasch zugewunken, als sei ich eine alte Bekannte. Ich setzte mich. Das Blut stieg ihr in den Kopf. Mir raste das Herz, und ich hörte mich erstaunlich ruhig sagen: Wann? Und wo? Bei dir oder bei mir? Du wolltest doch mit einer Frau schlafen. Ich bin einverstanden.

Wir fanden kein Ende. Pausen mußten sein. Um zu essen. Um Geld zu verdienen. Ihr Auto mußte zum TÜV. Ich mußte meine Mutter besuchen.

Dann fanden wir die Lust draußen. Wir wollten uns sehen, auf der Straße, im Lokal. Die andere sehen, im Gespräch mit anderen. Ein bißchen Distanz, um sie wiederzufinden, um sie zu erkennen. Sie wollte mehr. Sie wollte auf weißem Büttenpapier aller Welt kundtun, daß sie sich glücklich fühlte. Statt dessen bekam sie Magenschmerzen. Sie mußte zum Arzt gehen.

Warum gehst du nicht zu einer Ärztin? Sei nicht so sexistisch, lachte sie. Ich will nicht, daß du dich vor einem Mann ausziehst, sagte ich.

Der Arzt sagte, Überreizung der Schleimhäute.

Sie hatte Angst, daß es herauskäme, was sie auf weißem Büttenpapier ihrem geschiedenen Mann, ihrem Chef, ihren Kollegen, ihren ehemaligen Liebhabern bekanntgeben wollte.

Du siehst doch gar nicht lesbisch aus, versuchte ich sie zu beruhigen. Aber man sieht mir an, wie verliebt ich in dich bin, lachte sie und weinte.

Ihrer besten Freundin vertraute sie sich als erster an.

Und? fragte ich. Was hat sie gesagt? Sie setzte sich neben mich auf meine Couch. Sie legte ihren Kopf in meinen Schoß und begann zu weinen:

Sie hat mich gefragt, ob ich nicht einfach etwas überspannt sei. Ob ich nicht bloß frustriert sei von den Männern. Ob ich mir da nicht doch etwas vormache. Das könne doch gar nicht gehen. Ob ich denn jetzt etwa lesbisch sei. Sie ist von mir abgerückt. Ich dachte, sie freut sich mit mir und vielleicht auch für sich als eine Möglichkeit am Horizont. Sie war mir böse und faßte mich nicht mehr an.

Ich schwieg und versuchte mich zu schützen vor Vergiftung.

Nein. Unbesorgt. Du bist jetzt nicht etwa lesbisch. Ich sprach es nicht aus. Es hätte mich zerrissen und sie womöglich beruhigt.

Deine beste Freundin ist eifersüchtig, sagte ich statt dessen. Denn das, was zwischen uns ist, hättest du ja auch mit ihr haben können.

Nein, sagte sie gedehnt und in aller Gelassenheit mit Entrüstung: Franziska doch nicht.

Und warum du? schrie ich. Und was bin ich denn? Etwa keine Frau?

Wir hatten unseren ersten Krach. Wir trugen ihn nie aus.

Sie fand eine Frau, die ihrer neuen Liebe den Segen geben konnte.

Bitte, laß es uns machen. Tu mir den Gefallen. Ich möchte es so gern. Ich willigte ein.

Es war eine Wahrsagerin. Mama Josefa. Sie saß im Foyer eines Theaters. Ihre große schwarze Handtasche auf dem breiten Schoß. Wir setzten uns an ihren kleinen Holztisch. Einander gegenüber. Mama Josefa saß zwischen uns, sah uns an und hatte alles im Griff.

Das schwarze Haar trug sie zu einem dicken Knoten gebunden. Ihr schwerer Busen ruhte auf ihrem Bauch und der wiederum auf ihren ruhenden Oberschenkeln. Dazwischen der Mittelpunkt der Welt. Sie öffnete ihre Tasche und sah dabei auf mich: Kugel oder Karten?

Karten, sagte ich, und sie nickte zufrieden. Es waren sehr schöne alte Tarotkarten. Vielfach befingert, abgegriffen, doch unvermindert stark in den Farben. Ich mußte sie mehrmals berühren. Dann blätterte sie auf. Das Wissen lag vor ihr. Wir konnten nichts erkennen. Sie schwieg und sah lange auf die Komposition der bildhaften Symbole vor sich. Mein Lebensentwurf, in dem sie wie in einer Partitur zu lesen schien. Stumm. Endlich sah sie auf und in die Augen meiner Liebsten. Dann wandte sie sich mir zu und sagte langsam: „Meine Dame, Sie sind ein Kater."

Daß ich sie betrügen könnte, war ihre größte Sorge. Natürlich nur mit einer anderen Frau. Und wenn es ein Mann wäre? Sie hob die Schultern und die Augenbrauen. Ein Mann? wiederholte sie. Ihr Ton kränkte mich. Viel Spaß. Ein Mann ist keine Bedrohung für mich.

Warum nicht? fragte ich wütend.

Da kenne ich mich aus, antwortete sie. Es stimmte. Sie hatte nun zwei Möglichkeiten. Ich nur eine.

Ich möchte auch, sagte sie. Ich hatte gar nichts dagegen. Ich hatte schon darauf gewartet. Ihr Kopf verschwand zwischen meinen Beinen.

Nichts geschah. Ich zog etwas an ihren Locken. Was machst du da?

Sie tauchte wieder auf, mit gerötetem Gesicht, als sei sie bei etwas Schlimmem erwischt worden.

Ich habe noch nie eine Klitoris gesehen, sagte sie. Ich atmete schwer. In mir stiegen mütterliche Gefühle auf. Sie hockte vor mir. Ihr Mund schämte sich. Ihre Augen wollten mehr.

Beim nächsten Mal hatte ich einen kleinen Spiegel bei mir. Einen wunderschönen zierlichen Taschenspiegel. Ich hatte ihn für sie in einer teuren Parfümerie gekauft. Sie saß im Bett. Nackt. Ein kleines Mädchen mit einem großen Busen. Sie spreizte ihre Beine, und ich küßte sie, um sie hervorzulocken. Dann hielt ich ihr den Spiegel hin, den sie nicht selbst halten wollte. Sie sah sich. Und ich sah sie. Während sie ihren Anblick in sich aufnahm, sagte sie wie aufgezogen mit starrer Stimme: Aber du nutzt die Situation doch jetzt nicht aus, nicht wahr?

Warum fühlte ich mich durch ihren Satz entsexualisiert? Aber genau so war es. Ich hatte den Satz verstanden. Irgendwie verstanden. Ein Mann hätte nach ihrer Erfahrung die Situation ausgenutzt. Eine Frau tut so etwas nicht? Sie aber war eine Frau, die gerade etwas tat, was eine Frau nicht tut. Sie besah sich ihre angeschwollene Klitoris.

Warum hatte ich in jener Nacht Angst, sie könnte an mir den Penis vermissen, und Haß auf jeden, der vor mir in ihr gewesen war? Weil ich die Situation nicht ausgenutzt hatte? Ich konnte nicht aufhören. Ich war so wild und heftig, daß ich glaubte, ihr weh zu tun. Ich wollte ihr weh tun. Ihr ging es immer besser. Irgendwann zog sie mich ganz fest an sich und murmelte etwas von nur noch vier Stunden Schlaf. Und: Ich habe doch morgen große Konferenz.

Sie war Dozentin an der Universität und wollte sich habilitieren. Sie war eine kluge, gutverdienende, attraktive, sinnliche Frau. Und sie war über Vierzig. Mit vielen Männern hatte sie geschlafen. Mit dem Dekan, mit den meisten ihrer älteren Professoren und mit einigen Studenten. Verheiratet war sie auch gewesen. Sechs Monate lang.

Warum jetzt eine Frau? Sie sah mich an und gab mir Antwort: Für eine Frau an seiner Seite war ich immer etwas zu klug, etwas zu gut verdienend, etwas zu erfolgreich. Jetzt habe ich zu viele Falten. Sie war nicht traurig. Sie war wütend. Sie war haßerfüllt.

Ich war für sie eine Frau, die kein Mann haben konnte. Triumph der Verweigerung durch die andere.

Glaube mir, sagte sie, es wäre mir lieber, ich wäre eher darauf gekommen, wie ich mich vor solchen Demütigungen hätte schützen können.

Und dein Begehren? fragte ich und dachte, gleich sind wir beide mit uns am Ende.

An mein Begehren habe ich nie zu glauben gewagt, sagte sie.

Wir waren gerettet.

Zu ihrem fünfundvierzigsten Geburtstag schenkte ich ihr seidene Unterwäsche. Ausschließlich Frauen waren eingeladen, Freundinnen, die alle mit Männern zusammenlebten. Mein Geschenk wurde von allen betastet, bejohlt, anzüglich belacht, es wurde gepfiffen und mit der Zunge geschnalzt. Ich schämte mich. Als sei ich in einen Haufen geiler Männer geraten. Die reine Frauenliebe kennt keine Dessous. Ich war so schlimm wie ein Mann.

Der Abend ging vorüber.

Ich wartete.

Ich wartete und schwieg. Ich hatte gefährlichen Boden betreten.

Reizwäsche. Ich wollte sie darin sehen. Sie sollte es für mich anziehen. Ich war in Sorge, alte Narben würden bei ihr aufbrechen. Als wollte ich über sie verfügen zu meiner Lust. Wie ihre Männer. Und trotzdem wollte ich es. Gerade darum wollte ich es. Für mich sollte sie es tun. Für mich auch!

Ich wartete. Wochen vergingen. Eines Abends öffnete sie mir die Tür im Bademantel. Darunter sah ich die Seide. Sie behielt mich genau im Auge. Ich wollte mir nichts anmerken lassen, hörte mich aber sagen: Du hast es an. Meine Stimme klang gar nicht lüstern, eher ängstlich. Schon ging es ihr besser. Sie hatte Champagner gekauft.

Im Bett streifte ich ihr den Bademantel von den Schultern. Langsam. Der Stoff. Ihre Haut. Sie rührte sich nicht. Nur ihre Stimme bewegte sich zu mir hin. Zieh du es an, sagte sie. Ich will, daß du es anziehst.

Ich hatte es gehört. Es berührte etwas in mir, das darauf gewartet hatte. Ja, flüsterte ich. Aber nur das Hemd. Nicht die Hose. Die ist so schlüpfrig. Da kann man ja überall von allen Seiten hineingreifen.

Okay, sagte sie, zog sich das Hemd über den Kopf und reichte es mir. Wie sie da saß mit nacktem Oberkörper, nur mit der Hose bekleidet, waren aus dem delikaten Stück auf einmal Boxer-Shorts geworden.

Ich ließ das Hemd über meinen Kopf gleiten. Der kühle, glatte Stoff bedeckte meine warme Haut und zeigte meinen Busen. Ich sah es. Sie sah es.

Ich sah sie an. Sie sah auf mich. In ihrem Blick fand ich mich wieder. Sie wollte wirklich die Frau.

Stephanie Rosenbaum

Wo du sein willst

Du sitzt an der Bar und zerdrückst die Limone in deinem Wodka, stichst immer wieder das spitze Ende des Cocktailstäbchens in sie hinein, bis die durchscheinenden breiigen Fasern sich ausbreiten wie eine erschöpfte Qualle. Wenn das Glas leer ist, wirst du das übriggebliebene Stückchen Limone aufspießen und aufessen, den bitteren, wodka-gefärbten Beigeschmack der dunkelgrünen Schale genießen. Doch im Augenblick ist dein Glas noch halb voll, und du konzentrierst dich darauf, die Tür zu beobachten. Du wartest auf sie.

Jede Woche, am Mittwoch, schmeißt du die Pussycat Lounge, ein auf Retro gestyltes Happy-Hour-Cabaret mit Peggy Lee im Hintergrund und einem Teller mit winzigen rosa-grünen Canapés auf jedem der von Kerzen beleuchteten Tische. Deine Mitbewohnerinnen gewöhnen sich daran, dich in der Küche stehen zu sehen, in Nahtstrümpfen und mit einer Hochfrisur-Perücke, während du die Krusten an Dutzenden von Pfefferkäse-Gurken-Sandwiches mit einem Fleischermesser abhackst. Deine letzte Freundin war Elvis-Imitatorin und versiert in Abschlußball-Phantasien, deshalb mußtest du nicht viel Zeit auf das Durchstöbern von Second-hand-Läden verwenden, als dir dieser Hostessen-Job angeboten wurde. In deiner Wäschekommode liegen weiße T-Shirts und Flanellpyjamas, doch dein Schrank ist voll von raschelndem Taft, gewagtem kirschrotem Satin und zarter grüner Spitze an fleischfarbener Seide. Heute abend trägst du ein ärmelloses Sommerkleid mit glockigem Rock aus schwarzem Piqué. Flache schwarze Knöpfe schließen das Kleid vom Halsansatz bis hinunter über die Knie. In Erinnerung an die Theatergruppe in der Schule nennst du es dein

Hedda-Gabler-reist-nach-Italien-Kleid, elegant und gediegen, nur mit einem breiten schwarzen Ledergürtel zur Verzierung.

Darunter trägst du nichts als schwarze Strümpfe, von einem Strumpfgürtel aus dunkelroter Spitze gehalten. Es ist zu heiß für einen BH, und deine Brüste drängen gegen die steifen Falten des Gewebes, als du dich umdrehst, um die Frau hinter dem Plattenteller zu bitten, die Lautstärke zu drosseln. Es ist noch früh, noch sind nicht genug Leiber im Raum, um den Lärm aufzusaugen, doch DJanes sind temperamentvoll, und diese hier hat die bei weitem beste Sammlung an Barmusik, die du je gehört hast; also bringst du ihr, zusammen mit deinem Anliegen, ein Bier, stellst ihr ein großes Glas Anchor Steam hin, während du den Lautstärkeregler herunterschiebst. Außerdem zählst du darauf, daß sie heute abend ein paar Wunschplatten auflegt, und willst es dir nicht mit ihr verderben. Sie nimmt das Bier und verdreht die Augen, als du sie anflehst, die Lautstärke nicht wieder aufzudrehen. Ihr beide habt diese Konversation jede Woche mindestens dreimal pro Abend.

Ein paar Frauen kommen herein, zögern auf der Schwelle. Die Pussycat Lounge befindet sich in Räumlichkeiten, die den Rest der Woche als Punk-Club genutzt werden, und selbst Kerzenlicht und Nina Simone können die schwarzen Wände und das abgefuckte Dekor nicht ganz verhehlen. Du schlüpfst in deine Rolle als Gastgeberin, geleitest sie zu einem Tisch, nimmst ihre Bestellungen für Bourbon und Soda und Lemon-Calistoga auf, plauderst mit ihnen, bis sie sich entspannen und ein draußen begonnenes Gespräch wieder aufnehmen. Dann stiehlst du dich unauffällig davon, zum Spiegel hinter der Bar, um eine frische Lage Très Très Dior auf deine Lippen zu tupfen und mit dem nassen Finger über die dunklen Bögen deiner Augenbrauen zu streichen. Wo bleibt sie? Es ist fast sieben. Sie kommt nicht immer, aber sie weiß, daß sie dich mit Sicherheit hier finden kann, gestylt und wartend, auf sie wartend. Manchmal stylt sie sich auch; nicht wie die Dandy Butches, die in ihren Anzügen und Krawatten herumstolzieren, sondern wie ein sexy Cowboy, einer, der keine große Gürtelschnalle, keine Eidechsenlederstiefel braucht, um zu zeigen, was er zu bieten hat. Du hattest schon immer ein Faible für Cowboys, und dieser hier kann wilde Pferde bändigen, Fährten lesen, mit einer Hand eine Zigarette drehen, während die andere lässig auf dem Lenkrad des roten Pick-up liegt. Sie spricht ein bißchen näselnd, was sie, erfolglos, zu verbergen sucht, und sie trägt eine Pfeilspitze an einem Lederband um den Hals.

Es ist Viertel vor acht. Das süße Prickeln der Vorfreude in deinem Magen beginnt schal zu werden wie warmer Champagner. Es hilft auch nicht, daß alle fragen, wo sie ist. Du wendest dich entschlossen von der Tür ab und beißt fest auf den Limonenkeil, den du aus deinem leeren Glas geangelt hast. Du möchtest überrascht werden, möchtest spüren, wie sie dich findet. Plötzlich hast du alle Hände voll zu tun, nicht zu warten; du machst deine Runden, bringst Drinks, küßt Wangen, hältst die Unterhaltungen in Fluß. Wenn sie kommt, wird sie dich beschäftigt finden; vielleicht kannst du Zeit für sie erübrigen. Dann – eine Hand auf deiner Schulter, eine Hand um deine Taille. Du nimmst deine Brille ab und legst sie auf den Tresen, schaust zu Boden, lehnst dich zurück in ihre Härte, ihren Duft nach Wüste und Salbei. Heute abend ist sie für dich ein Cowboy. Ihre Stiefel sind aus weichem Leder, schwarz, mit Sporen, ihr schwarzes Seidenhemd offen, um die flachen Ebenen ihres Schlüsselbeins zu zeigen, ein Cherokee-Armband aus Türkisen, Bärenkrallen und Silberblättern an einem Handgelenk. Ihre Augen im Schatten unter einem flachen schwarzen Hut, dessen Band mit silbernen Conchas besetzt ist.

Die DJane hat sie gesehen. India Adams ertönt aus den Lautsprechern, ihre Stimme, ein rauchiges Schnurren, singt: „*Tame me, I'm a little wild. Why don't you tame me? I'll be sweet and mild if you tame me ...*" Zähme mich. Ihr eilt auf die abgedunkelte Tanzfläche, ihre Hand umfängt deine Hüfte, zieht dich näher heran, bis du fest an ihrem Körper liegst, eure Körper aneinandergepreßt von den Knien bis zu den Schultern. Die Wölbung zwischen ihren Beinen, an ihrem Oberschenkel, die gegen den schwarzen Jeansstoff drückt, ist nicht mißzuverstehen.

Was du am stärksten spürst, ist die Nachdrücklichkeit: der zwingende, unwiderlegliche Beweis des Begehrens, den du vom Zusammensein mit Jungs her kennst. Es macht nichts, daß dieses Begehren unbelebt ist, verkörpert in Silikon statt in Fleisch. Allein die Tatsache, daß sie ihn angelegt hat, bevor sie zu dir kam, daß sie ihn den ganzen Weg hierher getragen haben muß, das Gewicht zwischen ihren Beinen, während sie wie ein Mann die Sechzehnte Straße heruntergeht, ist Beweis genug. Ihre Augen sind unverschämt. Sie weiß, daß du es weißt. Ihre Hand gleitet hinunter zu deinem Hintern, zieht dich heran, so daß du dagegenreibst. Heute abend ist sie dreist. Du holst im weichen Bogen ihres Halses Luft, verfolgst mit der Zunge sachte die Kurve hinter ihrem Ohr. Du kommst dir vor wie Mae West in einem Raum voller Matrosen.

Andere Paare kommen auf die Tanzfläche, doch du läßt dich von ihr nach hinten führen, halb tanzend, halb schreitend, zu einer Nische hinter einem Lautsprecherturm. Sie schaut dich erwartungsvoll an, halb grinsend, halb verlegen, und du kannst nicht widerstehen. Kichernd wisperst du ihr ins Ohr: „Ist das 'ne Pistole in deiner Tasche oder freust du dich bloß, mich zu sehen?" Du hockst dich auf die Kante eines Lautsprechers und schlingst deine Beine um ihre Taille. Zur Antwort fährt sie mit der Hand die Innenseite deines rechten Beines hinauf, schiebt deine Schenkel auseinander, verweilt am Rand deiner Strümpfe, fährt mit den Fingern über die Grenze, wo seidiges Nylon endet und das Fleisch beginnt. Ihre Lippen senken sich auf deinen bereits geöffneten Mund, ihre Zunge trifft deine in einem Funkenschauer. Du hältst ihre Unterlippe mit deinen Zähnen fest, während ihre Hand dorthin hinaufwandert, wo dein Höschen sein sollte. „Tame me“, flüsterst du, „zähme mich“, derweil die roten Lichter über die Tanzfläche zucken, die Paare beleuchten, die nah dort vorbeiwogen, wo du sitzt, ihre Hand unter deinem Rock, schamlos. Selbst Petula Clark läßt sich gefühlvoll gehen, ihre glockenhelle Stimme ganz kehlig und voll, als sie singt: *„I don't want nobody else 'cause I'm in love ...“*

„Wie fühlt sich das an, wenn du ihn umschnallst?“ fragst du.

„Sexy“, antwortet sie sofort. „Und bereit. Ich könnte dich hier auf der Stelle ficken. Mächtig“, fügt sie hinzu, während deine Nägel ihren Rücken hinunterwandern, die Furchen zu beiden Seiten ihrer Wirbelsäule suchend. „Komm mit mir nach Hause“, sagt sie, und beim Klang ihrer Stimme flimmert dein Herz, zieht sich dein Magen zusammen. Noch ein Streicheln und du könntest genau hier, hinter den Lautsprechern, kommen, doch sie zieht ihre Hand weg und hebt dich wieder herunter aufs Parkett, führt dich durch die tanzenden Paare und geradewegs zur Tür hinaus, während du dir im Vorbeigehen deinen Leopardenmantel vom Barhocker schnappst; dein Wodka-Lemon-Glas steht immer noch leer herum.

Sie schweigt, als sie durch die Straßen zu ihrer Wohnung fährt. Du kannst kaum atmen, als sie die Haustür aufschließt, der Flur schummrig erleuchtet von einer weißen Weihnachtsbaumlichterkette, die in Hüfthöhe entlang der Wand angebracht ist, das gehämmerte Blech cremefarben vor Lagen abblätternder Farbe. Sie zögert an der Schwelle zu ihrem Schlafzimmer und öffnet dann die Tür. Drinnen ist das Zimmer goldfarben, es leuchtet und flackert im Licht brennender Kerzen, die überall stehen – auf dem Altar des Kaminsims', zwischen den Muscheln und Knochen, an den Wänden des Lofts. Die Luft ist warm und gesättigt vom Geruch von Salbei und Tabak und heißem Kerzenwachs.

Sie schließt die Tür, drückt dich dagegen, küßt dich, und du läßt deinen Mantel um deine Fesseln gleiten, deine Finger ziehen das Seidenhemd aus ihren Jeans, du fährst mit deinen kalten Händen hinauf, um ihre Brüste zu umfangen, ihre Nippel werden hart unter deinen Fingerspitzen. Du schlingst deine Beine um sie, und die Härte ist immer noch da, an der Innenseite ihres Schenkels. Sie löst ihren Mund von deinem und fragt: „Ist das okay? Willst du?" Und ihr wißt beide, daß sie nicht nur vom Sex spricht, der gerade beginnt – der schon begonnen hat –, sondern von diesem neuen Ding: etwas, von dem sie wußte, daß du es wolltest, doch nie getan hast, etwas, wovon du nicht annimmst, daß sie es schon einmal mit einer Geliebten gemacht hast. Nicht ernsthaft, nicht so wie jetzt. Noch nie hat es eine Frau auf diese Art von ihr gewollt, und du hattest noch nie eine Frau, die es dir angeboten hat, die sich selbst stark gemacht hat, verletzlich und hart, ihre Sexualität so roh zur Schau gestellt. Du denkst an das, was du einmal einer Freundin gesagt hast, als ihr über Sex spracht: „Ich will keine Butch, die unten liegt, ich will eine Butch, die oben liegt und sich mir hingibt", und du flüsterst: „Ja. Ja, ich will, ja." Fühlst dich ein wenig wie Molly Bloom, nur eine Sekunde lang.

Ihre Augen sind geschlossen, ihre salzgrüne Tiefe verborgen im Schatten ihrer dunklen Wimpern. Du bist ihr so nah, daß du spüren kannst, wie ihre Rippen sich heben, als sie einen langen, tiefen Atemzug nimmt und dann ausatmet. „Lutsch meinen Schwanz", sagt sie, genießt die Worte, als hätte sie lange Zeit darauf gewartet, sie zu jemandem zu sagen.

Dir fallen die Tricks ein, die dein erster Freund dir beigebracht hat: Behalte die Lippen über den Zähnen, bearbeite den empfindlichen Punkt gerade unterhalb des Kopfes mit der Zungenspitze, und wie man die ganze Länge ohne zu würgen die Kehle hinunterbringt. Du kniest vor ihr, während sie die Schultern an die Tür preßt, langst hinauf zur Schnalle ihres schwarzen Ledergürtels. Die meisten Pornos der Jungs verweilen hier; die Augen auf Leistenhöhe, schmachtend über dem makellosen Gewebe abgetragenen Stoffes an glattem Kinn, ausgeblichener Denim bedeckt die schwellende Wölbung, Form und Größe von Schwanz und Eiern drängen gegen Jeans und Unterhosen, die Rauhheit von Denim unter der Zunge des eifrigen, schwanzhungrigen Jungen auf den Knien, während er an dem immer noch hinter dem Reißverschluß verborgenen Schatz knabbert und leckt.

Trotz deines Kleides kommst du dir in dieser Position eher wie eine Schwuchtel vor, eher wie ein schwuler Knabe als eine Frau, und du denkst an die Geschichten, die sie von den Kerlen erzählt, die ihr spätabends nachstellen, wenn sie mit ihrem Pickup rückwärts in die Gasse hinter ihrem Apartment stößt: die Männer, die an die Mauer gelehnt dastehen, eine Hand in den Gürtel gehakt, den Daumen der anderen tief in der Tasche mit den genieteten Rändern, die Finger über die Biegung des steifen Schwanzes gelegt, der sich auf dem Schenkel abzeichnet ... aber du hast keine Zeit für all diese Pornoheft-Aufgeilerei. Das hier ist zu gut. Sie hat schon lange genug gewartet.

Und so ziehst du den breiten Lederriemen aus der quadratischen Silberschnalle, öffnest den Reißverschluß ihrer Jeans, befreist den Schwanz aus den Boxer-Shorts darunter. Er ist groß und wirklichkeitsgetreu, von einer festen, leicht elastischen Beschaffenheit. Du leckst, langsam, die Spitze, läßt den Kopf langsam in deinen Mund hinein- und wieder herausgleiten, fährst mit der Hand die ganze feste Länge auf und ab, dein Daumen streicht die dicke Ader entlang, die vom Sockel bis zur Spitze modelliert ist. Ihre Hand ruht leicht auf deinem Kopf, während sie sich mit locker gespreizten Beinen gegen die Tür lehnt. Dann greifen ihre Finger in deine Haare – anfangs kaum spürbar, dann fester und fester, als du deine Kehle weit machst, spürst, wie die harte Länge des Schwanzes hinuntergleitet, deine Kehle füllt, während sie dir ihre Hüften entgegenstößt, den Schwanz in das gierige Saugen deines offenen Mundes hineindrückt und wieder herauszieht. Doch du brauchst die Führung ihrer Hände nicht. Die Laute, die ihrer Kehle entweichen, sind genug, um deinen Mund und deine Zunge zu veranlassen, sich weiter auf und ab zu bewegen. Du weißt, daß jede Bewegung den Sockel des Dildos gegen ihre Klit drückt. Als du hinaufgreifst, um die Eier zu streicheln, die unter den Riemen des Harness gezwängt sind, kannst du die schlüpfrige Nässe spüren, die bereits das schwarze Leder tränkt, das zwischen ihren Beinen entlangläuft.

Doch sie will so nicht kommen – noch nicht. Sie lockert den Griff und drückt deinen Kopf zurück, so daß der Schwanz aus deinem Mund gleitet und herunterhängt, glitschig vor Speichel und bereit. Aus der Gesäßtasche zieht sie ein viereckiges Plastikbriefchen: noch eine Erinnerung, diesmal an die orange- und türkisfarbenen Schachteln, die all deine Sexerlebnisse im College begleiteten, diese Augenblicke des Aufreißen-Innehalten-Herausdrückens, während du dich zurücklehntest, die Augen halb geschlossen aus einer Art unausgesprochenem Respekt für die Privatheit dieses Rituals. Doch diesmal gibt es kein Geräusch. Der gummiartige Ring ist noch nicht aus seiner versiegelten Umhüllung gedrückt worden. Sie hält ihn in der Hand, beugt sich herab und nimmt dein Kinn zwischen Daumen und Zeigefinger, hebt dein Gesicht sanft an, wie etwas Zerbrechliches und unendlich Wertvolles. Die Berührung ihres Mundes auf deinem ist zart, warm, schneidet dir durch die Brust wie ein blanker Draht. Dein Herz zieht sich zusammen. Du möchtest sie verschlingen, ihre Seele in deinen Mund saugen, deine Zunge in jede ihrer Spalten hineintreiben, sie einatmen wie eine Ertrinkende.

Sie legt dich auf den Rücken, schiebt dir das Kleid hoch. „Mach die Beine breit", flüstert sie, doch du hältst die schlüpfrigen Schenkel geschlossen. Wie sehr will sie es? Keine von euch traut dem, was zu leicht zu haben ist. Ihr kennt euch erst seit wenigen Wochen, doch die Drahtseilschlingen aus Verlangen und Unterwerfung ziehen sich fester und fester zusammen mit jedem eiligen Treffen, schon summt es vor Spannung wie in einem Stromkabel, das hoch oben zwischen den Masten singt.

Sie steht über dir, zieht ihre Beine aus dem Knäuel von Jeans und Stiefeln, bis sie nichts mehr anhat außer dem Harness, dunkle Haare fallen ihr in die Stirn, die Pfeilspitze glitzert auf ihrer zimtfarbenen Haut. Du greifst hinauf zu deinem Schlüsselbein und drückst jeden Knopf deines Kleides durch sein Knopfloch, legst dich selbst langsam bloß, bis du ihr gleichst, Haut um Haut. Ihre grünen Augen wandern über deinen Körper, benommen und hungrig. Du hast diesen Ausdruck schon mal gesehen, in den Augen anderer Geliebter, aber immer noch ergreift er dein Herz. Du kannst ihr nichts versagen. Als sie dich noch einmal bittet, ihre Hand zwischen deine zusammengepreßten Knie gleiten läßt, öffnest du langsam deine Schenkel.

Du liegst auf dem Rücken, die Beine gespreizt, die Knie angewinkelt. Das plötzliche Luftholen, als er hineingleitet, die sofortige körperliche Erinnerung an frühere Penetration. Wie radfahren, denkst du, und du erinnerst dich an das erste Mal, als du mit einer Frau geschlafen hast, nach Jahren des Sehnens, und daß nicht die weicheren Lippen, die zartere Haut die wirkliche Überraschung waren, sondern die zahllosen Arten, auf die es buchstäblich das gleiche war: nur Sex, Haut, Empfindung und Schweiß. Obwohl du weißt, daß sie mit dem Dildo nicht wirklich fühlen kann, nicht die heiße, samtene Nässe deiner Möse spürt, wenn deine Hüften sich ihr entgegendrängen, bist du dennoch wie nichts sonst mit ihr verbunden. Nicht daß ihr beide vorgebt, dies wäre echt. Du willst eine Butch, keinen Mann, und sie weiß, daß der Dildo keinen Mann aus ihr macht. Doch das Silikon nimmt die Hitze eurer Körper auf, als sie deinen Rhythmus aufgreift und fortführt, den Dildo langsam herauszieht, so daß du die Reibung spürst, ihn gerade am Eingang deiner Möse verweilen läßt, ihn dort behält, bis du schwitzt und darum bettelst, bereit, alles aufzugeben, nur um diesen Stoß zu spüren, wenn sie in dich eindringt, mit ihrem ganzen Gewicht, deine Beine fest um ihre Hüften geschlungen.

Immer noch verbunden, beginnst du, dich aufzusetzen, spannst die Bauchmuskeln an, während du zu ihr hinaufdrängst, deine Arme um sie geschlungen, als du auf ihrem Schoß sitzt, ihren Hals küßt, ihre Brüste, in die Rundungen ihrer Schulter beißt, während du sie auf den Rücken legst. Sie wehrt sich dagegen, kurz, doch dann sitzt du rittlings auf ihr, reitest ihren Schwanz, deine Hände zu beiden Seiten ihres Kopfes auf den Boden gepreßt, derweil du dich über ihr erhebst, nur um den richtigen Winkel zu erwischen, und beide entdeckt ihr, daß eine der vielen Freuden eines Dildos darin liegt, daß du reiten kannst, so heftig und schnell, wie du willst, innehalten und wieder beginnen in völliger Selbstvergessenheit, ohne dich darüber zu sorgen, ob er in die falsche Richtung gebogen wird, ob du zu schnell oder zu langsam reitest. Und wirklich: Je mehr du dich selbst verlierst, desto größer ihr Vergnügen, zu sehen, wie du losläßt, wie ihre gepflegte Femme sich in eine läufige Hündin verwandelt; Schweiß glänzt zwischen deinen Brüsten, als dein Hals sich zurückbiegt und deine Schenkel vor Anspannung über ihr zittern. Du läßt einen Arm um ihre Taille gleiten und drückst deine Hand in die Feuchtigkeit ihres Kreuzes, hebst sie zu dir herauf, während ihr Mund sich mit deinem vereinigt, und jedes Gefühl für Raum und Zeit verläßt dich. Sprühend und lebendig ist dein Hirn, und es ist ganz egal, daß du der Barfrau in der Pussycat Lounge gesagt hast, du wärst gleich wieder zurück, daß du in genau diesem Augenblick eigentlich als Stripperin oder Go-Go-Tänzerin auf der Bühne stehen oder irgendeinen Wortbeitrag ankündigen solltest – was immer du auch für diesen Abend an Nummern im Club geplant hattest, denn all die Klischees sind wahr – wahrhaft nichts könnte dich aufhalten, nicht jetzt. Du hebst dich und senkst dich, und alles balanciert auf dem Kamm einer Welle, hoch und glitzernd, genau da, bis du mit einem heißen Sprudeln über ihre Hände kommst, dich über ihre Beine ergießt, und sie packt deine Schenkel und sagt: „Du bist mein, du bist mein!" Und du erwiderst: „Ja, ja, ganz dein!" Und du denkst jetzt nicht mehr an Molly Bloom, denkst überhaupt nicht, denn endlich wartest du nicht mehr, du wartest überhaupt nicht, in diesem Augenblick bist du genau da, wo du sein willst.

Karen-Susan Fessel

Die Zicken und ich

Manchmal bin ich es leid. Wirklich, manchmal bin ich es leid. Dann möchte ich meine Sachen packen und in ein Flugzeug steigen, das mich in irgendein fernes Land bringt, wo es genau diese Art Frauen nicht gibt. Aber so ein Land existiert wahrscheinlich gar nicht. Und außerdem wäre es sinnlos. Sie würden mich finden. Oder ich sie.

Nein, wirklich, manchmal bin ich es leid. Und dennoch, ich kann es nicht ändern, sie ziehen mich an; sie ziehen mich wahnsinnig an, diese gutaussehenden, launischen und kratzbürstigen Weiber, die mit eiserner Entschlossenheit auf ihrem selbsterkorenen Status beharren, Prinzessin zu sein. Dabei sind sie im Grunde nur zickig. Ich weiß nicht, warum, aber ich stehe darauf.

„O Mann, diese Zicken machen mich noch alle", pflegt meine beste Freundin Randy zu sagen, wenn ihre Rina sie mal wieder nach einer dramatischen Eifersuchtsszene vor die Tür gesetzt hat. Randy ist ein ebenso alter Szenehase wie ich. Seit vielen Jahren, beinahe unser halbes Leben lang, treiben wir uns nun schon in den einschlägigen Lokalen herum und versuchen, meistens mit gutem Erfolg, Eindruck zu schinden. Randy und ich gehören beide zu jener langsam aussterbenden Spezies der 80er-Jahre-KVs, so jedenfalls kommt es mir vor. Mit unseren Cowboystiefeln und den kurzen Lederjacken entsprechen wir schon lange nicht mehr der gängigen Mode; unsere Nachfolgerinnen nennen sich Drag Kings, tragen enganliegende Rippen-Shirts, feine Anzüge und malen sich Koteletten und Schnurrbärte auf, und manchmal habe ich den Eindruck, daß sie sich insgeheim über uns lustig machen. Aber das ist mir egal. Wirkliche Prinzessinnen stehen auf coole KVs wie Randy und mich.

Dabei sind wir beide natürlich keineswegs so cool, wie wir uns geben. Das ist ja das Vertrackte daran. Nach außen hin mag es vielleicht so scheinen, als würden wir unsere Geliebten mühelos dominieren und die Zügel fest in der Hand halten, aber im Grunde genommen verhält es sich genau andersherum. Sie haben die Oberhand, die Prinzessinnen. Auch wenn sie uns noch so sehr auf die Nerven gehen mit ihrem zickigen Gehabe, den langwierigen Diskussionen und den überhöhten Ansprüchen, wir stecken es ein. Zum Beispiel ist es jedesmal Randy, nicht Rina, die den ersten Schritt zur Versöhnung macht, obwohl Rinas Anschuldigungen meistens jeglicher Grundlage entbehren. Randy ist treu. Aber sie sieht nicht so aus. Unsere lässig-coole Selbstinszenierung ist die selbstaufgestellte Falle, in die wir jedes Mal wieder neu hineintappen. Und eigentlich bin ich das leid.

Früher, noch bis vor kurzem, dachte ich, das Ganze sei einfach eine Frage der Entscheidung. Der Entscheidung, auf wen man sich einläßt, und dann noch, wie weit. Wenn ich die Vorzeichen erkenne, dann kann ich, so dachte ich, die Folgen vermeiden. Einfach die Finger davon lassen, und Schluß. Aber es ist nicht so einfach. Mittlerweile habe ich begriffen, daß ich sehr wohl erkennen kann, worauf ich mich einlasse – daß diese Frau, auf die ich so scharf bin, mir einen Haufen Kummer und Ärger bringen wird, Streß, Psychoterror und Zeiten des Leidens –, aber diese Erkenntnis nützt mir recht wenig. Ich tue es dennoch. Und werde es weiterhin tun. Als müßte ich wieder und wieder hindurch, so lange, bis ... bis was? Ich weiß nicht. Einstweilen muß es anscheinend so sein. Das habe ich neulich begriffen. Vor einer Woche, genauer gesagt. Als das mit Ina begann.

Es war auf dem bundesweiten Treffen der schwullesbischen Medienleute in Bremen, zu dem ich gemeinsam mit einem Kollegen aus meiner Redaktion gefahren war. Ich mache Fotos, vorrangig im Bereich Tiere und Sport, ich wußte also gar nicht so genau, was ich bei diesem Treffen verloren hatte, bei dem es um Schwule und Lesben innerhalb der kulturellen und politischen Berichterstattung gehen sollte, aber Max hatte mich überredet, mitzukommen. Und da ich schon seit langem auf eine Gelegenheit gewartet hatte, das Sechstagerennen zu fotografieren, das zufällig am selben Wochenende stattfand, sagte ich zu. Allerdings ergatterte ich gleich am ersten Tag einen Zusatzauftrag, und so versäumte ich sämtliche Vorträge und Seminare. Erst am letzten Abend fand ich Zeit für das Treffen, und da war es schon so gut wie vorbei. Nur ein abschließendes Essen stand noch an, und dort traf ich dann mit einiger Verspätung ein.

Ungefähr dreißig Männer und Frauen saßen zu beiden Seiten einer langen Tafel und unterhielten sich lautstark. Zigarettenrauch und Essensdünste hingen schwer in der Luft. Einen Moment lang stand ich orientierungslos da, dann entdeckte ich Max, der mir gutgelaunt zuwinkte. Umsichtig, wie er nun mal ist, hatte er mir einen Platz freigehalten, und ich schlängelte mich zielstrebig zu ihm durch, verfolgt von neugierigen Blicken. Erschöpft ließ ich mich auf den Stuhl neben ihm sinken und atmete durch.

„Du hast alles verpaßt“, sagte Max. „Willst du hören, was wir Tolles beschlossen haben?“

„Erzähl's mir später, okay? Ich brauche erst mal ein Bier.“

Ich wand mich umständlich aus meiner Jacke, während Max dem Kellner ein Zeichen gab und seine Stimme erhob.

„Darf ich vorstellen? Meine berühmte Kollegin, auf die wir alle schon gewartet haben, ist endlich eingetroffen. Hier ist sie: Marie Wieczorek, Starfotografin beim *Telegrafen.*“

Die ganze Gesellschaft verstummte und sah zu mir her. „Blödian“, zischte ich leise, aber Max lachte nur. Ungerührt begann er, mir die versammelten Kolleginnen und Kollegen vorzustellen, und der Reihe nach hoben sie ihre Gläser und nickten mir zu. „René Schröder von der *Nürnberger Rundschau*, Sabine Schatz, WDR, das ist Florian Beck ..." Die meisten kannte ich bereits, zumindest vom Hörensagen, aber einige Gesichter und Namen waren mir gänzlich neu. Der Kellner brachte mein Bier, für einen Moment war ich abgelenkt, und als ich mein Glas gefüllt hatte, stellte ich fest, daß ich den Anschluß verpaßt hatte.

„Ina Zuckmann, nicht wahr?" sagte Max. „Ich glaube, du warst von der *Zeit*?"

„Nein, ich bin bei der *Stimme Berlin*." Sie saß mir direkt gegenüber. Ich starrte sie an. Sie starrte zurück.

Max wandte sich der nächsten Frau zu, aber ich konnte mich nicht mehr konzentrieren. Der eindeutige Blick aus Ina Zuckmanns dunkelbraunen Augen hielt mich gefangen. Sie lehnte tief in ihrem Stuhl, spielte mit ihrer Gabel und musterte mich vorsichtig. Ihre kurzen dunklen Locken waren zerrauft, als wäre sie sich gerade eben mit der Hand hindurchgefahren. Ein halb forsches, halb verlegenes Lächeln umspielte ihre weich geschwungenen Lippen. Sie trug ein weit geschnittenes schwarzes Seidenhemd, das ihre geraden Schultern betonte, und darunter ein Spitzenbustier, das den Ansatz der Brüste nur knapp verbarg. Langsam ließ ich meine Augen an ihrem Dekolleté herunterwandern. Als ich aufsah, waren Ina Zuckmanns Wangen gerötet. Und ich war hellwach.

Sie hielt meinem Blick nur eine Sekunde stand, dann tastete sie nach einer Schachtel Zigaretten, die vor ihr auf dem Tisch lag, nahm eine heraus und steckte sie sich zwischen die Lippen. Ich beugte mich vor.

„Feuer?" fragte ich leise. Sie verharrte und sah mir tief in die Augen. Endlos dehnten sich die Sekunden. Dann lächelte sie.

„Gerne", sagte sie heiser. Und ich zog, ohne hinzusehen, mein Feuerzeug aus der Jackentasche und knipste es an. Als sie die Zigarette in die Flamme hielt, spürte ich ihren Atem an meinen Lippen, so nah war sie mir. Ihre Augen versanken in meinen. Ihre

Hand zitterte leicht. Ich hörte die Gespräche der Leute rundum, das Klirren der Gläser und die gedämpfte Musik, und ich bewegte mich nicht. Und erst, als ich mich langsam zurücklehnte, tat sie es auch. „Danke", sagte sie, heiserer noch als zuvor. Und damit war alles entschieden.

Die nächste Stunde hörte ich zu, wie Max in seiner gewohnt heiteren Art das Treffen resümierte, trank ein Bier und noch eins und unterhielt mich ein wenig mit meinem Nachbarn zur Rechten. Mit Ina Zuckmann sprach ich kein Wort. Das war auch nicht nötig. Sie wußte Bescheid. Und von Minute zu Minute wurde sie nervöser. Die ganze Zeit über sah ich sie immer wieder an, manchmal verstohlen, manchmal direkt. Und jedesmal erwiderte sie meinen Blick. Nach einer Weile brach sie ihr Schweigen und fing an, sich an den Gesprächen reihum zu beteiligen, lachte und trank, und ich ließ sie nicht aus den Augen.

Ich rede generell wenig. Eigentlich rede ich kaum. Ich finde das nicht so wichtig, viel anregender finde ich es, einer begehrenswerten Frau beim Sprechen zuzusehen. Je weniger ich rede, desto mehr erzählt sie, und desto mehr Gelegenheit habe ich, sie dabei zu beobachten, ihren Mund, die Form ihrer Lippen, und mir in aller Ruhe auszumalen, wie es sein wird, diese Lippen zu küssen. Manchmal merken sie es, und dann verstummen sie und sehen mich mit diesem ganz speziellen Blick an, den ich mit einem leichten, ein bißchen schiefen Lächeln erwidere. Ich weiß, daß sie sich in diesem Moment fühlen, als würde ich sie gerade seelenruhig vor aller Augen ausziehen. Genau so war es mit Ina. Und offensichtlich gefiel ihr das sehr. Es war, als ob eine Batterie in mir steckte, die sich mit jedem Blick, jedem Kontakt zwischen uns immer mehr auflud, bis sie nur noch so summte.

Der Rest war ganz einfach. Als der Kellner kam, um abzukassieren, und die ersten Leute sich bereits verabschiedeten, sah ich Ina an und hob eine Braue. Wie auf Befehl beugte sie sich vor.

„Was hast du noch vor?“ fragte ich leise.

„Kommt ganz darauf an. Was hast du zu bieten?“

Ich lächelte nur. Und sie lächelte auch.

Ich half ihr in den Mantel, hielt ihr die Tür auf und winkte ein Taxi heran, und diesmal war sie an der Reihe, mir dabei zuzusehen. Und das tat sie ziemlich genau.

Max und ich hatten eine geräumige Zweizimmerwohnung für uns, und dahin ließ ich uns fahren. Als ich die Tür hinter uns schloß und Ina von hinten umarmte, preßte sie ihre Wange an meine und fragte mit kehliger Stimme: „Also, was hast du zu bieten?“

Augenblicklich geriet ich ins Schwitzen. Jetzt war ich gefordert. Und ich versuchte, mein Bestes zu geben. Ich zog ihr den Mantel von den Schultern, drehte sie um und preßte sie gegen die Tür, und als sie ihr Gesicht abwandte und leise und aufreizend lachte, begriff ich genau, wer sie war. Eine Prinzessin reinsten Geblütes. Zickig und wahnsinnig scharf. Sie würde sich zieren und weigern, sie würde mich anheizen und aufpeitschen, bis mir Hören und Sehen verging. Aber sie wollte mich haben. Und ich wollte sie.

Und so war es dann auch. Sie machte mich richtig verrückt. Sie bäumte sich auf und stieß mich zurück, aber ich hielt sie fest und knöpfte ihr hastig das Hemd auf. Als ich ihr über die nackte Schulter leckte, gab sie mir nach und wandte mir das Gesicht zu, und dann küßte ich sie. Sie stöhnte in meinen Mund, und ihre dunklen Augen blitzten mich auffordernd an. Kurzerhand hob ich sie hoch und trug sie zum Bett. Wir kämpften verbissen, sie lachte dabei, und endlich spürte ich sie willig und nackt unter mir zittern. Dann, als sie ihre langen Beine um meine Hüften schlang und ihre Finger sich in meinen Rücken krallten, hielt sie kurz inne und sah mich herausfordernd an. „Komm, hol’s dir“, flüsterte sie. „Du brauchst es doch, oder?“

Ich nahm sie beim Wort. Als ich in sie glitt und sie fickte, lange und hart, schrie sie auf. Da war mir schon klar, wer von uns beiden die Oberhand hatte. Nicht ich, sondern sie. Auch wenn es bestimmt nicht so aussah.

„He, das war gut“, sagte Ina, als ich hinterher atemlos neben ihr lag. „Wo hast du das denn studiert?“

Ich zog sie an mich. Ihre Haut war feucht und seidigweich, kleine Schweißtropfen schimmerten auf ihrem nackten Bauch. Ich strich sanft mit einem Finger darüber. Am liebsten wäre ich für alle Ewigkeit so liegengeblieben und hätte ihren Duft in mich eingesogen.

„Hast du irgendwas zu trinken?“

Ich brauchte einen Moment, um mich zu besinnen, dann ließ ich sie widerstrebend los und richtete mich auf. Ich war noch nicht ganz bei der Tür angelangt, als sie mir hinterherrief: „Bringst du auch einen Aschenbecher mit? Und meine Zigaretten, ich glaube, sie sind außen in der Manteltasche. Oder vielleicht auch innen.“

Ich drehte mich um. Sie lag da, lässig auf den zerwühlten Laken ausgestreckt, und sah mich neugierig an. Ein kleines, zufriedenes Lächeln umspielte ihre Mundwinkel. Und dann ließ sie ihren Blick langsam an mir herunterwandern und wieder hinauf. Erneut begann ich zu schwitzen.

„Was ist denn? Probleme?“ fragte sie keck.

Wortlos ging ich in den Flur und schob meine Hand in die Außentasche ihres Mantels, und noch bevor ich die Zigarettenschachtel ertastete, erkannte ich in schärfster Klarheit die Tragweite dessen, was gerade geschah. Ich würde es mitmachen, das ganze Spiel, von vorne bis hinten. Ich würde Ina die Zigaretten bringen und einen Aschenbecher und etwas zu trinken, und morgen früh würde ich ihr das Telefon bringen und einen Kaffee. Abends, wenn wir beide wieder in Berlin waren, würde ich sie anrufen und mich mit ihr verabreden, ich würde mit ihr ins Bett gehen, am nächsten Tag wieder und dann wieder und wieder. Irgendwann würde ich sie ein paar Stunden später als verabredet anrufen und ihre Vorwürfe stoisch ertragen. Ich würde ihre Launen hinnehmen und mich von Zeit zu Zeit erfolglos gegen ihr zickiges Gehabe zur Wehr setzen. Sie würde mich mit ihrer frechen Art zur Weißglut bringen und zu nervtötenden Diskussionen über Vertrauen und ungleiche Rollenverteilungen zwingen, und all das würde ich mitmachen, von jetzt an bis zum bitteren Ende. Sie war bereits meine Prinzessin, ob ich nun wollte oder nicht. Aber ich wollte. Und wie.

Randy merkte es gleich. Sie holte mich vom Flughafen ab, und als ich mich in den Wagen setzte und meine Tasche auf den Rücksitz warf, sah sie mich an und pfiff durch die Zähne. „Wer hat dich denn geschafft?"

Ich schwieg und sah geradeaus. Sie beugte sich zu mir herüber und strich mit einem Finger über die Kratzspuren in meinem Nacken. „Ganz schöne Krallen, die Dame. Tut's weh?"

Ich konnte nicht anders, ich mußte grinsen.

Randy setzte sich aufrecht hin und gab Gas. „Willkommen zu Hause. Und, ist es 'ne Zicke? Hat sie dich schon in der Hand?"

Genau so ist es. Aber außer Randy und mir braucht das ja niemand zu wissen. Und Ina schon gar nicht.

Ahima Beerlage

Erwachen

Schlaf, den ich mir nicht selbst ausgesucht habe, trennt mich jedesmal von meinem Körper ab. Das wußte ich noch von meiner letzten Ohnmacht. Also lag ich immer noch ratlos losgelöst von meinen körperlichen Gefühlen, obwohl seit der Operation und damit der Narkose schon drei Wochen vergangen waren. In diesem Krankenhausbett ließ ich meinen Kopf verreisen, um nicht über die gräßlichen Wundschmerzen in meinem frisch operierten Rücken nachdenken zu müssen. Nur ab und zu weckten die Bemerkungen meiner beiden älteren Mitpatientinnen auf dem engen Dreibettzimmer mich aus meinen Träumereien. Die beste Taktik war es, wie ein Blatt auf dem reißenden Strom einfach zu versuchen, nicht unterzugehen – egal, ob ein Arzt hereinstürmte, meine Bettdecke wegzerrte, mein Nachthemd hochschob und eine Spritze in meine Nacktheit jagte, oder ob eine Schwester meinen murmelnd müden Körper zu nachtschlafender Zeit mit einem kreischend kalten Waschlappen abrieb. Ich träumte von Sonne auf meiner Haut und sah am anderen Ende des Strandes – noch sehr weit entfernt – meine Geliebte stehen und dann langsam auf mich zukommen.

„Sie bekommen viel Besuch von Frauen." Die Bettnachbarinnen hatten ihren Argwohn wie einen Tropf an mein Bett gehängt. Nur durch Schweigen erreichte ich, daß sie nicht in mich drangen. Während ich mich in mein Schneckenhaus zurückzog, gab es für mich nur den Wunsch, bei meiner Geliebten zu liegen und in ihrer Vertrautheit den Schrecken zu vergessen.

Die Besuchszeit begann, und ich starrte auf die Zimmertür, als könnte ich sie durch meinen bloßen Willen öffnen. Ich wünschte mir, daß meine Liebste heute nicht mit diesem mitleidenden Schmerz hereinkäme. Sie warf mich dann bloß in dieses Meer von Fremdheiten um mich herum zurück.

Da sprang die Tür auf, und sie kam herein. Dieses Gesicht war neu. Spitzbübisch und entschlossen funkelten ihre Augen. Mit einem strahlenden „Guten Tag, meine Damen!" becircte sie meine Bettnachbarinnen, die gar nicht anders konnten, als zu verlegenen Femmes zu werden, wenn Rafa ihren Charme über sie versprühte. Sie stapfte festen Schrittes zu meinem Bett hinüber, schnappte sich unterwegs mit entschlossenem Griff einen Stuhl aus der bemüht gemütlichen Sitzecke, setzte ihn auf meiner Kopfhöhe ab, ließ sich auf den Stuhl und mir einen Kuß auf die Wange fallen.

„Na, meine Süße, du siehst aber heute schmutzig aus."

Was für eine Begrüßung! Ich war schlagartig beleidigt. Nicht genug, daß meine Haare stets ein Nest an meinem Hinterkopf bildeten, ich nach Lysol und Medikamenten roch und in ein zerknittertes Nachthemd gehüllt war, das sich immer wurstpellenartig um mich wickelte, weil ich mich nur ins Bett schieben, statt heben konnte. Nein, jetzt war ich auch noch dreckig. Wie aufbauend. Ich wandte mich schmollend ab. Und sie lachte! Frechheit!

„Hey, Herzallerliebste!" Ihr Ton war jetzt wieder weich. Das Schmollen fiel mir schwer. Ich linste zur Seite, noch nicht bereit einzulenken. Sie legte vorsichtig ihre Hand auf meine Schulter.

„Ich habe bei der Schwester durchgesetzt, daß ich dich baden darf."

Ich war baff und sah ihr in die Augen, die inzwischen vor Übermut sprühten.

„Sie fand das richtig gut, weil sie gar keine Zeit dazu hat, und du hättest es dir ja gewünscht. Und als ich erwähnt habe, daß ich selbst Krankenschwester bin, war sie beruhigt."

Baden. Seit zwei Wochen hatte ich nur einen Wunsch: all den Angstschweiß, den fremden Geruch von mir abzuwaschen. Mir stiegen Tränen in die Augen: „O ja, das wäre schön!" Meine Stimme war ganz rauh und ungeübt, so freute ich mich. Sie strahlte über das ganze Gesicht und sprang so hastig auf, daß der Stuhl beinahe umgefallen wäre.

„Dann hole ich jetzt den Rollstuhl, und du kannst dich schon mal aufrappeln!" donnerte sie viel zu laut durchs Zimmer. „Übrigens", sie hielt inne und reckte eine Tasche in die Höhe, „hier drin ist dein Meerschaumbad, ein Handtuch mit einem Hauch deines Parfüms, Shampoo und Spülung für dein Haar, ein Fön und ein neues Nachthemd, das dir den Atem verschlagen wird."

Sie hatte an alles gedacht. Der Kloß in meinem Hals war riesengroß. Ich stemmte mich mit Mühe hoch und vermied diesen stechenden Schmerz, der durch all meine Sinne zu schießen pflegte. Als sie unter großem Gepolter den Rollstuhl an mein Bett geschoben hatte, saß ich schon etwas wackelig auf der Bettkante und starrte auf meine schneeweißen Beine, die wie blasser Spargel aus einem Schinkenröllchen über die Bettkante baumelten. Rafa zog die Bremsen am Rolli an, zwängte sich an dem Ungetüm vorbei, beugte sich herunter und schob behutsam die Pantoffel über meine Füße. Dann sah sie kurz hoch. Ich fiel in ihren liebevollen Blick. Jetzt wußte ich, wonach ich mich gesehnt hatte. Gleich würde ich mit ihr allein sein – zum ersten Mal, seit dieser entsetzliche Schmerz in meinem Rücken den Vorhang zwischen unserem Leben und den Grausamkeiten eines Krankenhauses zerrissen hatte. Geschickt half sie mir in den Rollstuhl, löste hastig die Bremsen, warf mir meinen Bademantel wie eine Decke über und stürmte mit mir aus dem Zimmer. Der Flur riß in seiner vollen Größe vor mir auf. Noch fürchtete ich mich vor großen Räumen wie meine Katze, wenn sie eine verletzte Pfote hat. Instinktiv wollte ich mich nur verkriechen. Doch Rafa schützte meine verletzte Stelle, und so fühlte ich mich einigermaßen sicher.

Das Bad stand weit offen, und wir rollten hinein. Der Raum war sehr groß. Im Mittelpunkt dieser gelblich-weißen Kachelhalle stand ein Ungetüm von stählerner Badewanne, über der der Sitz eines dunkelblauen Wannenlifters hing, der an einer baumartigen Konstruktion befestigt war.

Meine Süße klaubte das BESETZT!-Schild von der Innenklinke und hängte es an die Außenklinke. Entschlossen warf sie die Tür zu und drehte geräuschvoll den Schlüssel im Schloß um. Ich geriet in helle Aufregung. Freude, Erstaunen und diese Panik vor Ungewohntem, die mich seit der Operation beherrschte, wechselten sich in wilder Folge ab. Rafa schien unbeeindruckt von meiner Fassungslosigkeit und machte sich ans Werk. Sie spülte die Wanne aus, schloß die Ablaufventile, ließ das Wasser eindonnern und kontrollierte die Temperatur mit der Hand. Meine Panik und meine Verwirrung wichen einer großen Vorfreude. Immer wieder strahlte Rafa mich an. Wir sprachen kein Wort. Sie rollte den Galgen des Lifters von der Wanne weg, kurbelte den Sitz herunter, schob mich daneben. Dann begann sie mich vorsichtig auszuziehen. Plötzlich fühlte ich erstaunt, wie meine Haut aufwachte, zu kribbeln begann und bei jeder kleinsten Berührung durch ihre Hände brannte. Das war etwas, was ich mir wenige Augenblicke zuvor nicht einmal hatte vorstellen können. Ich schloß die Augen und ließ mich in mein Gefühl fallen. Da hob sie mich sanft an. Ich schlang meine Arme um ihren Hals und legte meinen Kopf an ihre Brust. Was konnte mir noch passieren? Zum ersten Mal seit dieser grausamen Operation fühlte ich mich sicher. Ich roch mit geschlossenen Augen an ihrem Hals und war zu Hause. Nur widerstrebend ließ ich los, als ich sicher im Sitz des Lifters gelandet war. Langsam öffnete ich die Augen und sah sie an. Sie hatte Tränen in den Augen, und ich spürte, wie sehr sie sich nach Nähe gesehnt hatte.

Vorsichtig kurbelte sie den Sitz hoch. Noch einmal durchzuckte mich Angst, als ich bald einen Meter nackt über dem Boden hing. Sie schob den Galgen langsam zur Wanne hinüber. Behutsam hob sie meine Beine, über die ich noch keine Macht hatte, über den Wannenrand. Ich spürte die samtige Wärme, die vom Badewasser aufstieg.

Rafa verteilte das Schaumbad mit dem Arm im Wasser, und der vertraute Duft stieg mir in die Nase, so daß ich eine genüßliche Gänsehaut bekam. Langsam, sehr langsam ließ sie mich in das wohlig-warme Wasser gleiten. Je tiefer ich hineinglitt, desto mehr fiel das heillose Frösteln, diese Mattigkeit, die mich seit Tagen festhielt, von mir ab. Ich berührte mich selbst – meinen Arm, meinen Hals, meine Brust – zum ersten Mal, seit …

Rafa sah auf mich herab und strahlte. Sie ließ mir Zeit, mich selbst zu „begreifen", die Sicherheit vor dem Schmerz in der Schwerelosigkeit des Wassers zu fühlen. Geborgen entspannten sich meine Muskeln, und ich ließ los. Mein Kopf sank auf das Wannenkissen, und ich schloß die Augen. Da fühlte ich – leise, behutsam –, wie ihre Hand sich auf meinen Bauch legte. Ich fühlte keinerlei Gewicht, nur Berührung. Langsam ließ sie ihre Hand kreisen. Ich öffnete meine Augen und beobachtete fasziniert, wie die Bläschenschicht von ihrer Hand weggestrichen wurde. Ich folgte ihr mit den Augen. Es schien, als entdecke ich meine Haut neu, und mein Herz schlug aufgeregt. Ich tauchte aus meinem reißenden Strom auf und erwachte in meinen Körper. Sie streichelte mich langsam, als würde sie mich neu formen aus einer konturlosen Masse. Ich sah ihr in die Augen. Auch sie entdeckte mich neu. Erst jetzt ahnte ich, was mein Anblick nach der Operation in ihr angerichtet hatte. Alles, was wir in kleinen Streitigkeiten, in hilflosen Gesten uns nicht hatten sagen können, sagten jetzt ihre Hand und meine Haut. Sie flüsterte: „Beweg dich nicht. Laß dich einfach treiben. Schließ die Augen." Und ich überließ mich ihrer sanften Führung. Sie küßte mich zum ersten Mal wieder rückhaltlos und unverschleiert. Mein Bauch begann zu brennen.

Als die Bewegung ihrer Hand leichte Wellen auf der Wasseroberfläche warf, stiegen die Wellen auch behutsam in mir hoch. Noch fürchtete ich mich, beim Anspannen der Beckenmuskeln wieder diesen Schmerz zu fühlen. Doch sie ließ es nicht soweit kommen, hielt immer wieder inne. Ich blieb reglos, treibend im Wasser. Nur ihre Hand tanzte, und wohlige Wärme stieg in meinen klammen Körper. Plötzlich, ohne Anstrengung und ohne Hast rollte eine große Welle Hitze und Erregung über mich, daß mir für einen Moment Sterne vor den Augen tanzten. Aber die Schaumkrone war Traurigkeit. Während ich laut stöhnte, stiegen mir Tränen in die Augen. Der Schock und die Angst, die ich bisher unter meiner fröstelnden Rüstung im Klinikalltag verborgen gehalten hatte, brachen aus mir heraus. Ich schluchzte in ihren Armen. Da fühlte ich in meinem Nacken auch ihre warmen Tränen.

Der Alptraum war vorbei. Jetzt würde ich wieder für mich dasein können, für mich und für sie. Wir hatten wieder ein Geheimnis zusammen – auch an diesem unwirtlichen Ort.

In dieser Nacht träumte ich von ihr. Wir glitten im warmen Wasser aufeinander zu und liebten uns. Und ab da nahm ich diesen Traum als warme Hülle mit zu jeder Untersuchung

Kitty Tsui

Regen

Georgia lag im Bett und lauschte dem Rhythmus des fallenden Regens. Es war ein monotones, beruhigendes Geräusch. Gut, daß sie im Garten fertig geworden war. Sie hatte die vergangenen beiden Tage vornübergebeugt mit Mulchen und Unkraut jäten verbracht, und ihr Kreuz tat höllisch weh. Sie rieb sich vorsichtig die Hände. Ihre rechte Hand war steif, die Gelenke waren rot und geschwollen. Arthritis hatte Georgias Hände befremdlich verwandelt, in eine ständige, nervtötende Schmerzquelle.

„Machen deine Hände dir wieder zu schaffen?“

Georgia drehte sich um. Lou, seit dreißig Jahren ihre Lebensgefährtin, saß im Bett und las ein Taschenbuch. Einen Kate-Delafield-Krimi.

„Ja“, antwortete sie. „Finger, Hände, Arme, Rücken. Nenn mir eine Stelle, und sie tut weh. Mir tut alles weh. Was finden sie nur am Älterwerden? Mein ganzer Körper läßt mich im Stich.“

„Deiner und meiner auch. Ich weiß nicht, Georgie. Scheint erst gestern gewesen zu sein, als ich sechzehn war.“

„Ja, und jetzt gehen wir beide auf die Achtzig zu.“

„Übertreib nicht. Sechzig ist nicht auf die Achtzig zugehen! Aber erinner mich bloß nicht daran.“

Georgia seufzte tief, es klang wie ein Blasebalg.

„Dies tut weh, das tut weh, alles tut weh. Die Frage ist nicht, was weh tut, sondern was nicht weh tut. Meine Hände schreien am lautesten. In den hellsten Tönen.“

Doch Lou hatte sich schon wieder ihrem Buch zugewandt.

Georgia schaltete ihre Leselampe aus und schüttelte ihr Federkissen auf, arrangierte ein zweites so vor sich, daß sie auf der Seite liegen und es umarmen konnte.

Sie schloß die Augen vor dem Licht von Lous Seite des Bettes und gähnte. Todmüde war sie, doch ihr Hirn war hellwach. Und ihre Hände schmerzten. Du Närrin. Laß doch jemand anders in der Erde herumwühlen und das Unkraut herausreißen. Du bist zu alt. Glaubst wohl, du wärst immer noch sechzehn? Ha! Damals, da konntest du noch die ganze Nacht lang Liebe machen, dann duschen, schnell 'ne Tasse Kaffee und ab auf die Arbeit, mit nassen Haaren. Ja, damals ...

Süße sechzehn war sie gerade geworden, als Anne ihre erste Geliebte wurde. Außer an Anne konnte sie sich an nicht viel aus ihrem sechzehnten Lebensjahr erinnern. Ihre Erinnerung ließ sie jetzt häufig im Stich.

Doch sie erinnerte sich noch genau an den Tag, an dem sie sich in Lou verliebt hatte.

Es war an einem Sonntagnachmittag gewesen, und sie trank Wodka-Lime in einer Bar in der Cole Street. Georgia hatte die Angewohnheit, auf einen Cocktail bei Maud's vorbeizuschauen, bevor sie nach Hause zurückkehrte, um ein gemütliches Sonntagsessen zuzubereiten.

Eine Frau betrat die Bar, Regen lief an ihr herab, das Haar klebte ihr am Kopf. Sie ging schnurstracks zur Toilette und legte im Vorbeigehen ihre Jacke über einen Barhocker.

„Ein Stammgast, den ich noch nicht kenne?" fragte Georgia die Barfrau.

Elli zuckte mit den Schultern. „Ich glaub' nicht. Ihr Gesicht kommt mir nicht bekannt vor."

„Muß aber öfter hierher kommen. Sie weiß genau, wo's Klo ist."

Als die Frau von der Toilette zurückkam, ging sie zur Bar und bestellte ein Bier vom Faß.

„Mistwetter draußen“, sagte Elli, als sie das Bier hinstellte.

„Ja. Alle sagen, wir brauchen Regen, es ist zu lange trocken gewesen. Aber auf meiner Schwinn ist mir trockener Asphalt lieber.“

Georgia beobachtete sie aus der Sicherheit der Schatten heraus. Die Frau beugte sich über ihr Glas, als wolle sie es beschützen. Obwohl sie jung aussah, war ihr braunes Haar mit Grau gesprenkelt. Eine Brille saß auf ihrer spitzen Nase. Ihre Hände waren kräftig, und ein Finger wanderte ruhelos am Glas hinauf und hinunter. Georgia versuchte, sich die Hände der Frau auf dem Lenker eines schnittigen Rennrads vorzustellen.

Als Ellen zu einem Gast am anderen Ende des Tresens ging, schlenderte Georgia hinüber. „Hallo, ich bin Georgia. Bist du neu in der Stadt?“

Die Frau drehte sich zu ihr um.

„Nein, ich bin hier geboren. Ich war nur noch nie in dieser Bar.“

„Du bist hier geboren? Ich glaub’s ja nicht, du bist die erste Einheimische, der ich je begegnet bin. Scheint, als kämen alle von irgendwo anders nach San Francisco. Ich hab’ schon gedacht, daß niemand wirklich von hier stammt.“

„Ich bin im Saint Luke’s zur Welt gekommen. Aufgewachsen in Potrero Hill.“

„Zigarette?“

Beide steckten sich eine an. Die Frau fing an zu husten und grinste verlegen.

„Eigentlich rauche ich nicht. Ach, übrigens, ich heiße Lou. Kurzform von Louise.“

„Hi, Lou.“

Ein langes Schweigen folgte.

„Ja, ich bin hier schon oft vorbeigekommen, aber“, Lou zuckte die Schultern, „neue Bars schüchtern mich immer ein, egal, wie dunkel es drinnen ist. Ich meine, wo kann man denn schon hingehen? Es ist so schwierig, Leute kennenzulernen.“

Georgia lächelte und nickte zustimmend.

Lou trank aus und stand auf.

„Mach' mich besser auf die Socken."

„Warum die Eile? Du bist doch gerade erst gekommen. Außerdem, je länger du bleibst, desto mehr Leute lernst du kennen. Na, komm schon, bleib noch ein bißchen", drängte Georgia.

Lou schaute sich um. In der Ecke spielten zwei Frauen Billard. Ein Pärchen saß an einem Tisch voller Getränke. Eine Frau stand verloren neben der Musikbox. An der Wand über dem Tresen war ein Fernseher angebracht, dessen Ton abgestellt war. Marvin Gaye säuselte „Let's get it on".

„Na ja, es ist Sonntag. Aber meist ist es nicht so leer. Es wird schon noch voller werden. Na, komm schon. Ich geb' einen aus."

„Danke, aber eigentlich trinke ich nicht."

„Du trinkst nicht, du rauchst nicht. Was machst du eigentlich?" lachte Georgia.

„Ich schreibe", erwiderte sie. „Ich bin Dichterin." Stolz schwang in ihrer Stimme mit.

Es war die Art, wie sie es sagte. „Ich bin Dichterin." So kam es, daß Georgia sich in sie verliebte.

Am folgenden Sonntag war Georgia in gespannter Erwartung wieder zu Maud's gegangen. Als Lou hereinkam, verflog ihre Anspannung im Nu. Lou trank zwei Gläser Bier, lehnte aber die Zigarette ab.

Am Sonntag darauf kaufte Georgia Rippenspeer und schob ihn bei niedriger Hitze in den Backofen, bevor sie zu Maud's ging. Im Kühlschrank lagen grüner Salat und ein Sara-Lee-Früchtekuchen. Sie deckte den Tisch für zwei und entkorkte eine Flasche Napa-Burgunder, damit er schon atmen konnte.

Lou war nicht in der Bar. Eine Stunde später, als sie immer noch nicht aufgetaucht war, begann Georgia wegen des Bratens zu verzweifeln. Es war ein Vierpfünder mit Knochen, und Georgia mochte ihr Fleisch rosa. Sie rechnete aus, daß der Braten hin wäre, wenn sie nicht in dreißig Minuten zu Hause war und ihn aus dem Ofen nahm.

Sie schickte sich gerade an zu gehen, als Lou hereingestürmt kam und mit einem Schreibheft wedelte.

„Hi! Willst du ein Gedicht hören?“ begrüßte Lou sie.

„Ja, möchte ich gerne. Aber wenn ich jetzt nicht gehe, geschieht bei mir zu Hause ein Unglück.“

„Wieso? Was ist denn –“

„Hör zu. Ich muß die Straßenbahn kriegen. Wollen wir uns bei mir zu Hause treffen? Bring dein Rad doch einfach mit hoch, okay?“

Lou grinste sie an. „Ich kann das ‘Rad’ nicht mit hochnehmen, aber ich kann dich darauf mitnehmen.“

Das war ihre erste Fahrt auf einem Motorrad. Und der Braten war perfekt.

Am Sonntag darauf kam Lou zum Essen und blieb. Georgia konnte sich noch an jede Einzelheit erinnern, als wäre es gestern gewesen.

Sie hatten sich an Krabben von Fisherman’s Wharf gütlich getan, die auf Zeitungspapier auf dem Küchentisch ausgebreitet waren. Es gab einen Laib Sauerteigbrot und eine Handvoll Rettiche, milde rote und scharfe weiße, aus Georgias Garten. Sie tranken zusammen eine Flasche Weißwein und teilten sich einen dunklen Schokoladenriegel.

„Meine Hände riechen nach Schokolade und Krabben. Himmlische Köstlichkeiten, aber ich bin nicht sicher, ob sie zusammenpassen“, hatte Lou gelacht.

„Deshalb habe ich extra Zitronen gekauft.“

Georgia halbierte eine Zitrone und rieb sich den Saft auf die Hände.

„So wirst du den Geruch los.“

Doch Lou beugte sich zu ihr herüber.

„Ich weiß nicht, ob ich den Geruch loswerden will. Ich mag ihn. Ich mag den Geschmack, ich mag den Geruch. Ich mag dich."

Sie beugte sich nach vorn, zu ihrem ersten Kuß.

Im nachhinein hätte Georgia schwören können, daß der Kuß stundenlang dauerte, aber, unzuverlässig wie ihr Gedächtnis nun mal geworden war, dauerte er vielleicht nicht ganz so lange. Lous Arme umfingen sie. Sie fühlten sich erstaunlich stark an. Irgendwie waren ihre Kleider verschwunden, denn Georgia spürte die rauhe Oberfläche des wollenen Afghanenüberwurfs vom Bett auf ihrer Haut. Das nächste, woran sie sich erinnerte, war Lous heißer Atem auf ihrem Hals, als sie sich liebten und ihren Höhepunkten zustrebten.

Georgia war überrascht, als sie feststellte, daß sie erregt war. Sie war naß. Sie wußte es, ohne sich anzufassen. Schon allein das war wundersam. Mit zunehmendem Alter war sie weniger feucht geworden. Sie konnte sich nicht erinnern, wann sie sich zum letztenmal geliebt hatten. Partout nicht. War es vor einem Monat gewesen, oder vor sechs? Sie hatten sich doch bestimmt wenigstens einmal im vergangenen Jahr geliebt. Doch sie konnte sich nicht daran erinnern.

Als sie anfangs zusammen waren, kamen sie kaum aus dem Bett heraus. In jenen Jahren gab es keine Liebesbekundungen wie es die jungen Leute heutzutage machten, die nichts dabei fanden, sich zu küssen oder zu berühren oder halbnackt in aller Öffentlichkeit herumzurennen. Doch wenn sie erst einmal hinter verschlossenen Türen waren, hatten sie die Hände nicht voneinander lassen können. Sie hatten sich nicht selten mehrmals am Tag geliebt.

Mit der Zeit ließ die Häufigkeit natürlich nach. Wöchentlich. Monatlich. An Geburtstagen, Jahrestagen, in den Ferien. Heute lasen sie in geselliger Stille, gaben sich einen Gutenachtkuß und schliefen mit den Kissen im Arm ein.

Heute nacht jedoch verspürte Georgia romantische Anwandlungen. Lous Leselampe brannte noch, doch als sie sich zu ihr umdrehte, sah sie, daß das Buch zugefallen und Lou eingeschlafen war.

Eine Woche später begaben sie sich auf ihre monatliche Tour in den Norden, um eine alte Freundin zu besuchen, die sich von ihrer Strahlentherapie erholte. Eleanor lebte allein mit ihren zwei Englischen Bulldoggen, Sam Spade und Sarah Sweetheart, in einem Cottage in Bodega Bay. Sie war achtzig Jahre alt und geistig voll auf der Höhe. Ein Jahr zuvor hatten die Ärzte Krebs bei ihr festgestellt und ein aggressives Bestrahlungs- und Chemotherapieprogramm aufgestellt. Sechs Monate lang hatte sie sich bestrahlen lassen, eine Chemotherapie aber vehement abgelehnt.

„Es ist mein Körper, und ich will keine Chemotherapie. Basta. Ende der Diskussion. Ich mag zwar alt sein, ich mag zwar gebrechlich sein, aber es ist mein Körper. Er ist alles, was ich habe."

Die Ärzte hatten auf Chemotherapie gedrungen, aber sie war hart geblieben. Obwohl sich der Krebs jetzt auf dem Rückzug befand, hatten die Bestrahlungen ihr übel mitgespielt. Geschwüre, die nicht abheilen wollten, waren an beiden Beinen aufgebrochen. Eleanor war eine leidenschaftlich unabhängige Frau gewesen, die Spaziergänge liebte. Nun war sie ans Haus gefesselt und konnte sich ohne Gehwagen nicht mehr fortbewegen. Glücklicherweise hatte sie ihre Hunde, und ihre Hunde hatten einen großen, eingezäunten Hof, von dem aus man die Bucht überblicken konnte.

Georgia und Lou besuchten sie jeden Monat und brachten ihr neue Bücher und Verpflegung aus der Stadt mit.

Da der getreue Volvo in der Werkstatt war, hatte Daniel, ihr Nachbar, ihnen angeboten, seinen Wagen zu benutzen. Daniel war schwul. Sie wohnten seit zehn Jahren nebeneinander und waren gut befreundet. Kürzlich hatte er sich einen Bronco zugelegt, und die beiden Frauen hatten seine neue Errungenschaft bewundert. Sie waren dankbar für sein großzügiges Angebot und hatten es sofort angenommen. Als sie für die Reise packten, waren sie aufgeregt wie junge Mädchen bei der Aussicht, ein neues Auto zu fahren.

Wie immer holte Georgia in letzter Minute frisches Gemüse aus dem Garten und verstaute es sorgsam in einer Kiste. Da lagen gelbe Zucchini, Karotten, Tomaten und grüne Paprika. Ein Bund Schnittlauch, ein Bund krause Petersilie und je eine Handvoll Thymian, Rosmarin, Salbei und Beinwell.

Wie immer hielten sie bei Peroski's Geflügelladen kurz hinter Petaluma und kauften geräucherte Hühnerbrust. Etwa vierzig Minuten später, als sie zur Küstenstraße kamen, begann es zu regnen.

„Oh, schau dir das an. Als ob ich es geahnt hätte, daß es die letzte Stunde noch regnen muß. Und ausgerechnet, wenn wir auf die kurvige Küstenstraße kommen."

„Wir könnten bei der nächsten Raststätte anhalten und warten, bis der Regen aufhört."

„Ich hab' keinen Hunger. Und ich möchte endlich ankommen. Hätte es nicht warten können, bis wir dort sind, bevor es anfängt?"

Wie zur Erwiderung regnete es heftiger.

„Also, ich kriege allmählich Hunger. Warum halten wir nicht auf einem dieser Parkplätze, von denen aus man übers Meer schauen kann, und essen eine Kleinigkeit. Wir warten dort ein Weilchen, und dann fahre ich das letzte Stück, ja?"

„Kann nicht schaden, wenn wir mal kurz anhalten, schätze ich."

„Du mußt was essen, Lou. Du wirst grantig."

Georgia holte den Picknickkorb heraus. Es gab Sauerteigbrot und einen Würfel scharfen Cheddar. Lou wickelte die geräucherte Hühnerbrust aus und schnitt sie an.

„Willst du eine Karotte?"

„Mmmh, diese kleinen Karotten sind wirklich lecker!"

Schweigend aßen sie, während der Regen auf das Autodach trommelte.

„Weißt du, ich hab' jetzt seit fünf Jahren nicht mehr geraucht und in solchen Augenblicken vermisse ich es am meisten."

„Ich kann mir das überhaupt nicht vorstellen. Wie kannst du dir den guten Essensgeschmack mit Rauch verderben?" fragte Lou.

Georgia warf ihr einen schneidenden Blick zu.

„Ich will dich ja gar nicht kritisieren. Ich sage doch nur, daß ich es mir nicht vorstellen kann, das ist alles."

Die Fenster waren beschlagen. Lou wischte ihres mit einer Papierserviette ab und schaute aufs Meer hinaus.

Georgia aß ihren letzten Bissen Hühnerbrust, leckte sich die Finger ab und seufzte.

„Erinnerst du dich an meine drei Lieblingsgerüche?"

„Natürlich. Der Geruch von Knoblauch, der Geruch eines Holzfeuers. Und der Geruch von Frauen." Sie sah ihre Geliebte an. „Wie kommst du jetzt darauf?"

„Ach, nur so. Vielleicht durch die Hühnerbrust. Der Geruch von Rauch an meinen Fingern. Weißt du, neulich nachts dachte ich daran, wie wir uns das erste Mal geliebt haben. Und das hat mich erregt."

„Hat dich das überrascht?"

„Nun, ja, ich ... ich habe mich seit Monaten nicht mehr so gefühlt."

„Und, fühlst du dich deshalb schlecht?"

„Nein, aber wir sind nicht mehr jung. Ich rechne damit, daß unser Verlangen nachläßt oder so."

„Du hörst dich ziemlich klinisch an."

Beide lachten. Wie Hagel klang der Regen auf dem Dach des Wagens.

„Es ist wirklich schlimm da draußen. Wie weit ist es noch?"

„Nicht allzu weit. Guck doch mal, ob im Handschuhfach eine Karte liegt.“

Statt einer Straßenkarte fand Georgia Kondome und eine Tube mit irgendwelchem Zeugs.

„Oh, schau mal, was Daniel im Handschuhfach hat. Diese Jungs!“

„Na, zumindest sieht er sich vor. Was ist in der Tube?“

„Irgendwas, das sich VorSpiel Sensual Lubricant nennt.“

„Sensual Lubricant? Vielleicht ist es das Zeug, das man nimmt, um naß zu werden, wenn man es nicht ist? Zeig mal her. Wie sich das wohl anfühlt?“

„Mach doch mal auf.“

Sie drückten ein paar Tropfen von dem Gel auf ihre Finger und kicherten dabei wie zwei junge Mädchen.

„Möchte mal wissen, wie sich das da unten anfühlt“, grinste Georgia schelmisch.

„Willst du's probieren?“ flüsterte Lou. Sie faßte in den Bund von Georgias Trainingshose und schob ihre Hand in die Wärme.

„Uhhh, es ist kalt!“

„Soll ich aufhören?“

Georgia schüttelte den Kopf, während Lous geschickte Finger das Gel verteilten. Ihre Lippen öffneten sich, als Lous Mund sich auf ihren senkte. Sie schmeckte den rauchigen Duft auf der Zunge ihrer Geliebten. Lou berührte ihre Brüste, und ehe sie es sich versah, entschlüpfte Georgias Lippen ein Stöhnen. Sie spürte die Feuchtigkeit da unten, die köstliche Nässe. Die Kombination aus vertrauter Empfindung und Neuheit erregte sie. Lou rieb sie fester und fester. Sie hatte fast vergessen, wie es sich anfühlte. Oh, sie wollte sie, sie wollte es, sie wollte ... sie wollte ausgefüllt werden.

Sie löste sich aus dem Kuß.

„Was ist? Stimmt etwas nicht?“

Georgia schüttelte den Kopf. „Ich ... ich möchte ...“

Da fiel ihr Blick auf sie. Die Zucchini in der Gemüsekiste. Sie nahm eine heraus und hielt sie hoch. Lou starrte sie ungläubig an. Georgia öffnete eine Pariserschachtel und zog das Kondom mit einer Geschicklichkeit über die Zucchini, die sie selbst erstaunte. Ohne ein Wort schraubte Lou die Gleitmitteltube auf, gab eine großzügige Portion davon auf ihre Hand und schmierte das Gel auf die umhüllte Zucchini.

Georgia schloß die Augen und lehnte sich in den Sitz zurück. Der Regen fiel klangvoll im Hintergrund, süß wie ein gregorianischer Gesang.

Während Lou sie streichelte und rieb, spürte sie, wie sie sich hob. Sie flog, stieg durch die Wolken auf, den Wind in ihren Haaren. Unter sich erblickte sie die Castro Street, voller junger Leute in engen Jeans und knappen Tops, weiten Shorts und übergroßen Hemden. Ihre Muskeln zeichneten sich ab. Ihre gebräunte Haut, schweißglänzend, strahlte im Sonnenlicht. Sie trugen Arbeitsstiefel und Lederwesten, Birkenstock-Sandalen und Levi's. Sie waren tätowiert. Gepierced und voller Stolz. Sie trugen Labrys-Medaillons und doppelte Frauenzeichen um den Hals. Sie küßten und umarmten sich unbefangen auf offener Straße.

Sie sah eine junge Butch mit kurzgeschnittenem Haar, zerrissenen Jeans und einem verblichenen Arbeitshemd zu ihr hoch lächeln. Ihre Zähne waren weiß. Ihre Augen blitzten aquamarin. Sie reckte stolz die Faust. Ein Gruß der Sippe.

„Jaaa!" schrie die junge Butch aus Leibeskräften.

Alter, dachte Georgia. Was war das denn? Sie war frei. Sie spürte keinen Schmerz in ihren Händen. Keinen Schmerz in ihrem Rücken. Ihr Herz war von Freude erfüllt, und auf ihren Lippen lag ein Lied. Sie weinte, sie stöhnte.

Jaaa!

Und der Regen fiel wie Blätter im Herbst.

Minnie Bruce Pratt

Faust

Sie schiebt ihre Finger in meinen Mund, als wir nebeneinander auf dem Bett liegen, und ich beginne, an ihnen zu saugen. Ich will ihre ganze Hand in meinem Mund, wie eine Hand in meiner Möse, doch eine andere Art von Fisten. Mit jedem Finger verführt sie meine Zunge, als befingere sie meine Klit. Mein ganzes Bewußtsein befindet sich in der Zungenspitze, die ihr Zeigefinger berührt. Ich esse ihre Hand, versuche immer mehr davon tief in meinen Mund zu bekommen. Wieviel kann ich aufnehmen, ohne zu würgen? Ich will, daß ihre Hand hinunter in meinen Magen reicht und zupackt. Ein schmerzhaftes Gefühl herauswringt – nicht Liebe, aber etwas, das ihr nahekommt. Mein Mund füllt sich mit dieser Variante von Sex, die ich nicht verstehe. Zart beiße ich jeden ihrer Finger und das dazwischengewobene Fleisch. Ich könnte meinen Kiefer zusammenpressen und jeden schlanken Knochen brechen. Meine Zunge ruht auf ihrer Handfläche. Die eingekerbten Linien dort mögen langes Leben oder gebrochene Herzen verheißen. Ich versuche nicht, den rätselhaften Text zu lesen, als ich ihre Hand dort hinunterführe, wo ich alles verschlinge.

Minnie Bruce Pratt

Quallen

Auf dem Weg zu dem schwullesbischen Ball nebenan, gehen wir durch die Eingangshalle unseres Hotels, du in deinem schwarzen Anzug, ich in einem schwarzen Spitzenbody unter einem Seidenrock und einem Bolero-Jäckchen. Die Spitze schimmert auf meinen Brüsten, enthüllt und verbirgt meine darunterliegende Haut, weiß wie Schaum unter den Wogen der mitternächtlichen See. Auf dem alles überragenden Karussell einer Sitzgruppe hockt ein Kreis weißer Männer und starrt uns an, feindlich, darum betrogen, nach mir zu grabschen wie nach dem Goldring des Ringelspiels, um ihre Karussellfahrt im Vergnügungspark am Meer betrogen. Ihre Blicke töten uns bei jedem Schritt, den wir durch die überfüllte Halle machen. Sie wissen, was sie sehen: keinen richtigen Mann und keine richtige Frau, sondern ein Paar Freaks. Ich bin nie derart gekleidet ausgegangen, die Brüste hervorquellend und ruhelos. Die Aggressivität meiner Brüste kann nicht mißverstanden werden, ihr arrogantes Vorwärtsdrängen, das Aufmerksamkeit fordert. Es ist unmißverständlich, daß es deine Aufmerksamkeit ist, die ich will.

Am Abend meines ersten Balls saß ich auf dem Bett, eingebunden in ein Korsett, hinten zugehakt, vorn trägerlos, Strumpfbänder stramm zu Strümpfen gespannt, mein ganzes Ich zusammengehalten, bereit zu etwas, für jemanden. Vor diesem Abend, als meine Brüste zu schwellen begannen, stand ich auf dem ausgefransten Teppich in unserem Wohnzimmer. Ich gab meine erste Erklärung zum Frausein ab. Ich sagte, daß ich meine Brüste nicht wollte, und ich würde gewiß keinen Büstenhalter tragen. Ich sagte: „Ich will, daß sie verschwinden." Mein Menstruationsblut haßte ich nicht. Das Sickern zwischen meinen Beinen konnte von einer Binde aufgefangen werden, versteckt, im Sand vergraben. Und der Geruch tröstete mich manchmal, als ginge ich jeden Monat an den gleichen Ort, zur selben Biegung am Strand, wo die salzige, fischige Luft vertraut war. Doch ich wußte nicht, wie sich meine Brüste verleugnen ließen. Sie verrieten mich. Die Nippel standen unter dem Stoff hervor, aufgerichtet, neugierig, von selbst. Meine Brüste bewegten sich unter dem T-Shirt, wenn ich lief, so daß Männer glotzten, geringschätzig, besessen, wie sie glitten und wogten und hüpften. Der Mann, der an mir vorbeiging und verlangte: „Zieh 'n Büstenhalter an, Baby!" Verachtete meine Brüste.

Als du mir zum ersten Mal begegnetest, sagtest du: „Ich habe deine Liebesgedichte gelesen. Du hast deine Brüste nie erwähnt." Mit der Spitze deiner Zunge berührtest du einen meiner Nippel und sagtest: „Ich werde dich zart, ganz zart küssen, bis deine Brüste wieder etwas empfinden." Ich wußte gar nicht, daß sie taub geworden waren, Rüstung aus Stahl, Brustpanzer über Herz, Bauch, Lungen, um mir schneidende Blicke, aufschlitzende Berührungen zu ersparen. Kein Gefühl in den Brüsten, wenn nicht eine Geliebte grobe Hände und Zähne einsetzte. Jetzt ziehst du mich an dich, während wir den Ballsaal betreten, durch die höhlenartige Halle gehen, die einem alten Pavillon am Meer gleicht. Du nimmst meine Taille zwischen deine Hände und schwingst mich vor und zurück, wie Seetang im Wasser. Meine Brüste bewegen sich träge unter der schwarzen Spitze, das Gewebe kratzt ein wenig, hält sie. Ich erschauere mit jeder heranrollenden Welle. Ich erahne den Augenblick, in dem ich auftauche, die Brüste nackt wie Mondlicht auf der schwarzen See, in dem ich mich erhebe und in deine Arme komme, meine Brüste leuchtend und zitternd wie Mondquallen, die an den Strand gespült werden.

Minnie Bruce Pratt

Stiefel

Als wir uns zum zweiten Mal begegneten, du und ich, sprachen wir in einem überfüllten Raum miteinander, und ich zögerte, als wir uns begrüßten, meine Hand kurz auf deinem Arm, mein Mund berührte sacht deine kühlen, schmalen Lippen. Nachdem wir uns verabschiedet hatten, sah ich dich vorbeigehen und aus den Augenwinkeln nach mir blicken, ein wilder, erschrockener Blick wie der eines ungezähmten Pferdes. Ich wollte dich bei der Hand nehmen und dich zu mir führen: *Trinke meinen Körper, sag, du kannst nicht aufhören, mich zu küssen.* In deinem Brief sprachst du davon, daß du kaum jemals berührt wurdest. Eine Frau, eine Femme, die nur eine Sekunde lang ihre Hand auf deinen Arm legt, gebe dir das Gefühl, ein Mensch zu sein. Ich hatte Angst, dich zu berühren, ein animalisches, sexuelles Wesen zu werden, die Frau, die im Gegenzug berührt werden wollte.

Nun gehe ich zu der Stelle, wo du in meinem Hinterhof wartest, ausgestreckt auf dem Gartentisch unter dem Holzapfelbaum. Die Hände unter dem Kopf, völlig entspannt, blickst du hinauf in den Baum und in die Tiefe des Himmels. Du wartest auf mich, und das ist die Macht, in die ich trete, als ich die Hintertreppe hinuntergehe, durch den Honigduft und den weißen Schaum herbstblühender Klematis. Ich setze mich neben dich auf den Tisch, und du wendest dich mir zu. Du biegst deinen Körper, so daß ich in der Umarmung deiner Hüfte und deines Schenkels bin. Warum beginnen wir, über Gefahr zu reden? Ich sage, daß Sex das größte körperliche Risiko ist, das ich je eingegangen bin, die Femme-Version des Wildwasserfahrens. Du lachst, du fragst: „Sonst nichts?“ „Reiten“, räume ich ein, und du willst wissen, was mir daran gefällt. „Daß ich ein riesiges Tier dazu bringen kann, zu machen, was ich will, die präzisesten Bewegungen, allein durch den Druck meiner Schenkel.“ Du neckst mich: „Ich wette, du könntest auch Butches dazu bringen.“ Ich neige den Kopf und sage: *„Einige* von ihnen.“ Eines regnerischen Nachmittags beim Trabrennen ließ der siegreiche Fahrer seine lange dünne Peitsche durch die Luft knallen, und der Braune bäumte sich auf. Das sexuelle Aufzucken in meiner Klit, die Scham, diesen Moment herbeizusehnen.

Später kommen wir aus der Bar nach Hause zurück, in der du mich dir zu eigen gemacht hast durch deine Hand, die unnachgiebig in meinem Kreuz lag, in der ich meine Hüften an deinen rieb. Du liegst schwitzend auf dem Bett und streckst deine Hand nach mir aus. Ich sage: „Nein.“ Ich knie zwischen deinen Beinen und ziehe dir langsam, einen nach dem anderen, deine schwarzen Stiefel aus. Ich knie über dir, mein schwarzer Seidenrock über deine Hüften gebreitet. Ich öffne deinen Gürtel, löse deine Krawatte, knöpfe dein Hemd auf, schiebe langsam zur Seite, was dich schützt und verbirgt. Ich sage: „Du bist schön.“ Ich sage dir: „Warte.“ Ich drehe dich um und setze mich auf dich, meine Schenkel drücken gegen deine nackten Hüften, meine Möse naß an deinen Hinterbacken. Meine Hand wandert langsam deinen Rücken hinunter, als ich spüre, wie du dich langsam unter mir sammelst, um dich aufzubäumen.

Minnie Bruce Pratt

Lippenstift

Ich schlage ein Ei in die Metallschüssel und werfe die braunen Schalenhälften in den Abfall. Meine neue Femme-Freundin sitzt in der Küche und leistet mir Gesellschaft. Ich frage: „Spielen du und deine Geliebte beim Sex?“ Ich hatte ihr vom Telefonsex mit dir erzählt. Ich hatte dich gefragt, was du wolltest, daß ich mit dir mache, wenn ich dich in die Finger bekäme, und du hattest scheu, fast unhörbar gesagt: „Mach mich zu deiner Butch.“ Auf ihrem Stuhl vor- und zurückschaukelnd sagt meine Freundin: „Sie an Händen und Füßen fesseln und dann verführen. Sie müssen sich so sehr zusammennehmen. Sie wollen loslassen, aber sie wissen nicht wie.“ Die Art, wie du jedem Tag trotzt, abwechselnd charmant und erbittert, die Prügel, von denen du einem Publikum erzählst, politischer Anschauungsunterricht, doch die tatsächlichen Verwundungen verbirgst, selbst wenn du in meinen Armen liegst. Es gibt für dich fast keinen Ort, an dem du sein kannst und dich nicht vorsehen mußt, außer in meinen Armen. Sie sagt: „Lippenstift, dunkel, und sie jede Stelle, die du küßt, mitzählen lassen. Und diesen schwarzen Seidenkimono – du kannst den Gürtel benutzen. Das Haar wie eine Dame hochgesteckt, mittendrin aufhören und sie bitten, etwas für dich zu tun.“ Ich sage: „Von außen sieht es wie Macht und Beherrschung aus, aber von innen betrachtet ist es das nicht.“ Sie sagt: „Nein, von innen betrachtet sieht alles anders aus.“

Später, in meinem Bett, halte ich deine Hände über deinem Kopf fest. Die Muskeln deiner Unterarme sind angespannt, als ich gegen deine Kraft anhalte, während wir beide kurz mit der Frau kämpfen, die in die Unterwerfung gezwungen wird. Begehren ist ein verworrener Knoten, Vergangenes in uns durch Berührung angezogen und gespannt. Ich frage dich, was du willst, welches Netz des Verlangens dich halten kann. Ich lasse meine Hände an deinen Armen entlanggleiten und sage: „Dreh dich um." Ich fahre mit meinen Fingern über deinen Rücken, die kühle Beschaffenheit deiner Haut. In meinen Händen bist du so kostbar wie eine Perlmutt-Muschel, die unversehrt und verschlossen vom Fluß heraufgespült wurde. Durch ihre braunrindene Haut glänzt ein Schimmer. Die übereinandergelagerten Windungen sind durch Stürme und Strömungen voller Wirbel und Knoten, jede zerbrechliche dünne Schicht Schutz gegen die Wellen, die Verwerfungen der Jahre. Ich verfolge die Kurven deines Rückens, während du vor Genuß seufzt. Ich lege mich zu dir, frohlockend, zufrieden, als sei mir, an einem Sandstreifen am Ufer, der eine Wunsch meines Lebens von den Wellen vor die Füße gespült worden.

Leslie Feinberg

Ein Tag in der Tränengasfabrik

Die Fabrik ragte bedrohlich über mir auf, trostlos und dreckig, sämtliche Fenster dunkelbraun gestrichen. Das Werk war auf der East Side von Buffalo versteckt, mitten im afroamerikanischen Bezirk.

Ich stieß mit der Spitze meines Arbeitsstiefels die Zigarette in den Kies und schlug den Kragen meiner Jeansjacke hoch. Mein Magen verknotete sich; bei jedem neuen Job graute mir vor dem ersten Arbeitstag. Ich war es leid, immer Außenseiterin zu sein, die sonderbare Fremde. Ich angelte in meiner Tasche nach der Stechkarte der Zeitarbeitsvermittlung, holte tief Luft und ging hinein.

Der giftige Gestank drinnen ließ mich würgen. Doch dann vergaß ich ihn sofort und entspannte mich: dort, um die Stechuhr gedrängt, standen die meisten der anderen Butches, die ich kannte. Die Arbeitsvermittlung hatte uns alle in dieselbe Fabrik geschickt. Meine Freundinnen begrüßten mich, indem sie mir auf die Schulter schlugen und mir spielerisch in den Bauch boxten. Vielleicht würde dieser Job doch nicht so schlecht werden. Vielleicht käme eine Festanstellung dabei heraus.

Wir standen an der Stechuhr herum und erhoben die Stimmen, damit unsere Geschichten gehört wurden. Das Knurren des Vorarbeiters ließ uns verstummen. „Macht euch an die Arbeit, ihr verdammten Mannweiber."

Wir hatten einen ganz schönen Krawall gemacht. Jetzt gingen wir leise und respektvoll hinein und fanden unsere Plätze am Montageband bei den anderen Frauen, die uns gegenübersaßen. Diese Anordnung sagte mir eine Menge über diesen Ort. Auf der einen Seite saßen die festangestellten Arbeiterinnen: alles Afroamerikanerinnen. Auf der anderen Seite saßen die Zeitarbeiterinnen: alles weiße Butches. Ich arbeitete seit Jahren in solchen Knochenmühlen, also wußte ich, was das zu bedeuten hatte. Meine Augen, meine Nase und Kehle waren schon jetzt von den Dämpfen zerfressen. Dieses Höllenloch war höchstwahrscheinlich gefährlich. Und die Bezahlung würde kaum zum Sattwerden reichen. Ich hätte meinen ersten Lohn wetten können, daß es keine Gewerkschaft gab, um irgendwas daran zu ändern.

Als die Maschinen zu brummen begannen, begriffen wir nach und nach, was von uns verlangt wurde. Diese Klitsche stellte Tränengassprühdosen her. Durch einen trichterförmigen Stutzen wurden kleine Metalldosen mit der starken Chemikalie gefüllt. Anstelle eines Fließbandes gab es eine Art Wasserrinne, in der die Dosen auf uns zu schwammen. Zwei Frauen am Anfang der Rinne setzten die Plastik-Sprayröhrchen in die Dosen ein. Der Rest von uns setzte die kleinen weißen Sprühkappen auf die biegsamen Plastikröhrchen, um die Spraydose zu vervollständigen. Neben jeder von uns lagen Berge von Sprühkappen zum Anwärmen und Weichmachen unter Infrarotlampen.

Es dauerte ein paar Minuten, um zu erkennen, worin die Gefahr dieser Arbeit lag. Setzte man die Sprühkappe ungeschickt auf oder drückte man sie zu fest herunter, besprühte man sich oder die Frau gegenüber mit Tränengas.

Gerry fand das auf die harte Tour heraus. Sie sprühte der Frau, die ihr gegenübersaß, ins Gesicht. Die Frau sprang auf, krümmte sich und rieb sich heftig die Augen, während die anderen Frauen sie beschworen: „Nicht reiben, Baby! Nicht die Augen reiben, Honey!“ Sie würgte und erbrach sich auf den Zementboden.

„Laßt sie in Ruhe! Hinsetzen!“ schrie der Vorarbeiter. „Jimmy, hol einen Lappen und wisch die Scheiße da auf“, sagte er und deutete auf die Pfütze ihres Erbrochenen. Ich spürte die Scham der Frau tief in meiner Magengrube. „Bring sie in den Waschraum und spül ihr die Augen aus!“ befahl er einer älteren Frau.

Wir hatten noch keine Stunde hier gearbeitet, und schon haßten wir Frank, den Vorarbeiter. Mit den Augen stimmten wir ab; das Ergebnis war einstimmig. „Macht euch wieder an die Arbeit!“ brüllte er, während er zurück auf seinen Hochsitz kletterte – in das erhöht gelegene Büro, das es ihm erlaubte, uns bei der Arbeit zu überwachen.

Fassungslos setzten wir uns hin. Gerry sah aus, als würde sie gleich weinen. Die mir gegenüber sitzende Frau sagte, wir sollten uns keine Sorgen machen, das würde ein paarmal am Tag passieren. „Es trifft dich oder mich oder die Frauen links und rechts neben dir, Honey“, flüsterte sie Gerry zu. „Gibt nur vier Richtungen.“

Nach ein paar Minuten war klar, daß wir alle im stillen beschlossen hatten, die Düsen der Sprühkappen auf uns selbst zu richten.

Nach zehn oder fünfzehn Minuten kam die junge Frau, die Gerry angesprüht hatte, zurück und setzte sich. Sie sah verlegen aus. Die Frau rechts von ihr küßte sie leicht auf die Wange: „Wie fühlst du dich, Baby? Okay?“ Sie nickte.

„Es tut mir so leid“, sagte Gerry. Und an ihrer Stimme konnte man hören, daß sie es wirklich so meinte.

„Schon gut“, antwortete die junge Frau sanft, „das passiert andauernd.“ Dann, gerade als sie wieder anfangen wollte zu arbeiten, blickte sie noch einmal zu Gerry hinüber und sandte ihr ein bezauberndes Lächeln. Es dauerte nur einen Sekundenbruchteil, aber alle bemerkten es, außer den Frauen am Ende des Bandes, und die bekamen einen Stoß in die Rippen, um sie darauf aufmerksam zu machen.

Gerry wurde rot. So, wie sie glühte, müssen ihre Zehen rosa angelaufen sein. Dann tat sie das, was fast alle Butches tun: sie beschloß, sie hätte sich geirrt. Als sie die Augen senkte und fieberhaft zu arbeiten begann, sah sie aus, als würde sie sich im stillen selbst in den Hintern treten. Nach einem Augenblick tippte die junge Frau mit ihrem Fuß leicht gegen Gerrys Stiefel.

„Wie heißt du?" fragte sie.

Gerry sah hilflos von einer Seite zur anderen und schluckte heftig, bevor sie antwortete.

„Ich bin Monica", bekam sie zur Belohnung zu hören. Beide senkten die Köpfe und arbeiteten weiter.

Wir anderen sahen uns an, voller Ungläubigkeit, die aus zerschlagenen Hoffnungen geboren war. War das möglich? Es schien so. Den ganzen Morgen über beobachteten wir die beiden. Gelegentlich blickte eine von ihnen auf, wenn die andere gerade den Kopf abgewandt hatte. Wir senkten die Köpfe und gaben vor zu arbeiten, während wir uns gegenseitig anstießen. Doch selbst wenn die beiden nicht aufschauten, war zu spüren, daß sie einander bewußt waren. Ein elektrischer Strom pulsierte zwischen ihnen.

Wir alle waren vor Freude ganz aus dem Häuschen. Als die Sirene zur Mittagspause schrillte, stachen wir die Uhr und fragten die anderen Frauen, in welcher Richtung die nächste Kneipe lag, die Sandwiches servierte. Es gab eine an der Ecke.

„Kommst du mit, Gerry?"

Doch Monica hatte angeboten, ihr Mittagessen mit Gerry zu teilen. „Nee, geht mal ohne mich", meinte Gerry so beiläufig sie konnte und sah uns mit verengten Augen an, damit wir sie nicht in Verlegenheit brachten. Nicht um alles in der Welt hätten wir das getan. Im Gegenteil, was zwischen Monica und Gerry passierte, machte uns auch um unseretwillen froh. Es war für uns eine Erinnerung daran, daß diese feindselige Welt immer noch die Möglichkeit unerwarteter Augenblicke größter Freude bereithielt.

Deshalb warteten wir, bis wir nach draußen kamen, um dann in liebevolles Gelächter auszubrechen und in Ausrufe wie „Hast du das gesehn?". Ganz egal, worüber wir uns beim Mittagessen, über Bier und Roastbeef-Sandwiches hinweg, unterhielten, wir kamen immer wieder auf das Thema Monica und Gerry zurück. Immer wieder schüttelten wir die Köpfe. „Verdammt, ist das nicht großartig" waren wir uns alle einig.

Wir schüttelten immer noch voller Erstaunen die Köpfe, als wir gemeinsam in die Fabrik zurückgingen und unsere Plätze an der Wasserrinne wieder einnahmen. Gerry sah verlegen aus. Die Butches, die links und rechts neben ihr saßen, klopften ihr liebevoll auf die Schulter.

Die schrille Fabriksirene durchfuhr mich wie ein Messer. Dosen begannen wieder auf uns zuzuschwimmen. Das war der Moment, in dem Frank wortlos auf Gerry zeigte und sie mit gekrümmtem Zeigefinger zu sich beorderte. „Macht weiter, daß es keinen Stau gibt!" befahl er dem Rest von uns. Gerry folgte ihm in eine Ecke der Werkhalle.

Wir versuchten, uns auf diese verdammten kleinen Plastikkappen zu konzentrieren, doch wir wollten wissen, was zum Teufel hier vor sich ging. Offene Dosen mit Tränengas begannen sich zu stauen und gefährlich vor uns im Wasser zu schaukeln, während wir uns bemühten, zu hören, was Frank sagte. Ich bemerkte, daß es Monica war, die den Mut aufbrachte, den roten Knopf zu drücken, der das Band anhielt. Die Maschinerie kam jaulend zum Stillstand.

„Warum ich?" schrie Gerry. „Warum bin ich, verdammt noch mal, die einzige, die entlassen wird?" Frank mußte ihr geraten haben, den Mund zu halten. „Nein!" brüllte sie. „Ich werde nicht den Mund halten! Warum, zum Teufel, hacken Sie denn plötzlich auf mir herum?"

„Ich brauch' dir keinen Grund zu nennen", schnauzte er. Seine Stimme erhob sich drohend. „Mach, daß du rauskommst, du verdammte Mißgeburt!" Es war laut ausgesprochen worden, das Wort. Sofort sah Gerry zu Monica, um zu sehen, ob sie es gehört hatte. Natürlich hatte sie es gehört. Beschämt schaute Gerry weg, bevor sie die Zärtlichkeit in Monicas Augen wahrgenommen haben konnte.

Gerry stürmte aus der Fabrik. Wir anderen standen auf, unsicher, wie wir uns verhalten sollten. Nach kurzer Beratung unter den Butches sagte ich Frank, daß wir kündigten, wir würden alle zur Zeitarbeitsvermittlung zurückgehen, um eine andere Arbeit zu verlangen.

„Ist mir doch scheißegal!" schnaubte er verächtlich. „Ein Telefonanruf, und ich hab' Ersatz für euch, kein Problem."

Wir drehten uns zu den Frauen um, die es sich nicht leisten konnten, eine feste Arbeit aufzugeben, und verabschiedeten uns von ihnen. Monica lächelte mich wehmütig an.

„Hey, Gerry! Warte!" riefen wir ihr zu, als wir nach draußen kamen. Wir rannten, um sie einzuholen. „Komm, wir geben einen aus."

„Scheiße!" schrie sie. „Gott verdammt, ich hätte ihn ..."

„Ja, ja", murmelte eine jede von uns beruhigend. Wir verstanden sie. Ich legte Gerry den Arm um die Schultern.

„Vergiß es", sagte ich zu ihr. „Er ist der Vorarbeiter."

Einen Augenblick liefen wir schweigend weiter. Ich zog Gerry näher an mich.

„Du, Monica hat dich wirklich gemocht."

Gerry machte sich von mir los. „Du spinnst ja! Sie hat mich bloß zum Narren gehalten." Mit einer Geste wischte sie den süßen Zauber beiseite. Sie schützte sich.

Ich verstehe es. Ich mache das auch, immerzu. Doch es ist eine verfluchte Schande.

Chrystos

Die größte Sadistin der Stadt

Wir trafen uns nach der Lesung einer meiner Freundinnen, die bei IHR übernachtete, SIE jedoch für zu gefährlich hielt, um mit IHR zu spielen   Eine der anderen Essensgäste war eine äußerst geltungsbedürftige Autorin, mehr noch als die meisten von uns, eine, die meint, sie müsse funkeln vor Scharfsinnigkeit & diesem eigentümlichen Künstlercharme, der alle Luft vezehrt   Gelangweilt ignorierte ich Miss Autorin, um mit IHR zu flirten, über den Tisch hinweg, fasziniert von IHRER Noch-mehr-butch-als-üblich-Art, IHRE Brüste eingebunden, was ich nicht mehr gesehen hatte, seit ich meiner Geliebten in den Sechzigern dabei half, es zu tun   Ich bemerkte: IHRE Augen waren eine Mauer, starr aufrechterhalten   Beschloß, zu ergründen, was SIE verbarg   Wir vereinbarten ein gemeinsames Abendessen   Ich begann zu planen, was ich anziehen würde   Als SIE ging, sah ich für einen kurzen Moment ein gequältes, einsames, wütendes Kind zu mir schauen, bevor IHRE Augen wieder ausdruckslos wurden   Ich änderte meinen Gesichtsausdruck nicht, absichtlich, damit SIE annehmen konnte, ich hätte es nicht gesehen Ich verliebte mich

Ich ging auf Lesetour außerhalb der Stadt, deshalb wurde unsere Verabredung mehrmals verschoben   Ich lud IHREN Sohn ein, mitzukommen & bot an, sie beide einzuladen   SIE war verblüfft   Ich brachte IHR ein riesiges, unhandliches Bouquet aus meinem Garten mit, das SIE mit verlegener Grazie annahm Ich frönte meinem alten Spiel, unberührbare Butches im Bett umzudrehen Beim Essen sprachen wir von Büchern, Schreiben, Sex, jede von uns taxierte die andere Meine Freundinnen hatten mich vor IHR gewarnt, teils ziemlich aufgeregt SIE habe Frauen vergewaltigt, SIE habe IHRER Ex-Geliebten das Trommelfell zerrissen, SIE sei unbeherrscht, schlecht, böse, SIE würde mir weh tun, warum war ich nur so verrückt IHRE Freundinnen wiederum hatten SIE gewarnt, ich sei Vanilla, würde schreckliche Dinge über SIE verbreiten, SIE hassen Wir lachten auf ihre Kosten & und dann sah ich, wo die wirkliche Gefahr lag Ich hatte überhaupt keine Angst vor IHR & das ängstigte SIE Ich bin auf dem Strich gewesen, bin Männern entkommen, die mich umbringen wollten, mein Instinkt & mein Wille, so gemein wie nötig zu kämpfen, sind mir im Hinterkopf eingeschliffen, einsatzbereit, obwohl ich nun ein scheint's gelasseneres Leben führe

Während ich die Straße entlanglief, ein bißchen vor IHR her, IHR zuliebe, in meinen silbernen, hinten offenen Stöckelschuhen, bewunderte SIE meine Beine Das bin ich gewohnt & ich benutze es Eines Tages wird eine Butch meinen Geist bewundern & ich werde sie in dem Meer aus Händen & Zungen erkennen Als wir in IHRE Wohnung zurückkamen, die bis auf die kunstvoll angeordneten Peitschen, Ledermasken & Handschellen keineswegs ungewöhnlich war, bewunderte ich IHRE Gardinen & war erfreut, daß SIE diese SELBST gemacht hatte, ein überladenes altmodisches Gespinst von Blumen musterte das Zimmer, wie bunte Glasfenster es getan hätten Ich sann über den Zusammenhang zwischen S/M & den Kirchen nach, über den Priester, den ich freitags zur Mittagszeit im alten Jack Tarr Hotel zu peitschen pflegte Einer meiner beständigsten Kunden Ich fragte mich oft, ob er mich aus dem Klingelbeutel bezahlte, der mich als Kind ernährt hatte

Ich studierte IHR Bücherregal & war nicht beeindruckt, obwohl SIE es erwartete   Zehn Jahre zuvor war SIE eine Intellektuelle gewesen, den einschlägigen Titeln nach zu schließen   Es gab keine wichtigen feministischen Bücher & fast nichts von People of Color   Ich erkannte, daß SIE Frauen leidenschaftlich haßte, es haßte, eine Frau zu sein, meine Verletzlichkeit töten wollte, die deutliche Mahnung an IHRE eigene verblaßte Erinnerung, SIE wußte nicht, daß ich meine Verletzlichkeit als Maske trage, um das stählerne Stützwerk meines Herzens zu schützen   Ich habe Varianten dieses Hasses in den Augen anderer Geliebter gesehen

SIE zeigte mir die Peitschen, die SIE gemacht hatte, die wundervoll gearbeitet waren   Ich beschrieb das Kleid, das mir noch fehlte, aus rotem Leder, mit Stäbchen für meine großen Brüste, ungefähr zehn Zentimeter breit offen, den ganzen Rücken hinunter & mit schwarzer Seide gefüttert   SIE erbot sich, es zu machen   Ich wußte, daß SIE mich nur verführen wollte   SIE war erstaunt, daß IHRE Peitschen mich nicht ängstigten, Echo der warnenden Stimmen IHRER Freundinnen   Peitschen erzeugen weder Angst noch Entsetzen in mir   Sie sind einfach nur Symbole der Unterdrückung, ohne erotischen Gehalt   Ich spürte, daß SIE fasziniert war von meinem Gelangweiltsein, deutete es als Zeichen, daß ich vielleicht noch bizarrer war als SIE   Bin ich   SIE las mir eine blutrünstige Sexgeschichte vor, die SIE geschrieben hatte   Ich habe alles von Marquis de Sade gelesen & unfairerweise verglich ich sie damit   Soweit ich mich erinnere, quälte IHRE Sadistin eine zu Tode & fickte dann entweder den toten Körper oder aß die Leichenteile   Ich fühlte mich an Jungen im Teenageralter erinnert & an zweitklassige Horrorfilme, solche, bei denen die Requisiten zu offensichtlich Requisiten sind

Ich langweilte mich, dachte, es würde überhaupt keinen Spaß machen, mit IHR zu ficken, weil SIE sich mehr für das Bühnenbild interessierte als für meinen Körper   Beschloß, ich würde einfach nach Hause gehen & einen netten Abend mit meinem Dildo verbringen   SIE wurde überwachsam, eine Jägerin, im Begriff, die Fährte zu verlieren   SIE sagte, SIE hätte das Gefühl, daß ich das Vorhaben, mit IHR zu schlafen, aufgegeben hätte, nun wolle SIE es   SIE liebe es, das Mobiliar in Frauenköpfen umzustellen, sagte SIE   Ich bin viel mehr daran interessiert, den Inhalt meines eigenen Kopfes umzustellen, besonders in Worten   Andere zu beherrschen ist genauso uninteressant wie Peitschen   Es ist eine viel zu weit verbreitete Beschäftigung   Ich zuckte mit den Schultern & dachte, nun, ich kann es später wieder umstellen, wenn SIE nicht länger denkt, SIE besitze mich   Niemand hat mich je besessen   Wenn ich fertig bin, gehe ich

Als wir zu IHRER Schlafzimmertür kamen, verkündete SIE, daß alle, die dort eintraten, um Erlaubnis bitten müßten   Ich lachte voll & spontan aus dem Bauch heraus, sicher scherzte SIE & tänzelte einfach hinein   Später sagte meine Freundin, daß ich IHRE Grenzen verletzt hätte & sehr taktlos gewesen wäre   Ich lachte auch diesmal   Entweder du willst mich ficken oder nicht, Spiele sind was für Kinder

IHR Zimmer war in einem Grün gestrichen, das an die Klapsmühle erinnerte, was mich erneut lachen ließ   Möglicherweise dachte SIE, ich sei nervös, aber ich war amüsiert über IHRE mittelmäßige Innengestaltung   Ich habe für so viele reiche Leute gearbeitet, daß ich allein durch Osmose zum Snob geworden bin   Das Bett war in einem dramatischen Winkel zur Wand aufgestellt, mit schwarzen Kunstfasersatin-Laken & ein langes Schwert wies nach unten auf das Kopfende   Schwarze Kerzen, natürlich   Ein perfekter Ort, die lesbische Version der Medea aufzuführen   Zahlreiche Werkzeuge IHRES Gewerbes lagen herum, doch wir hatten sogenannten Vanilla-Sex vereinbart, deshalb waren sie leblose Zeugen einer langen Nacht

Da SIE sich nicht wirklich für die Kunst des Liebens interessierte, war unser Vorspiel hölzern   SIE zog sich nicht aus, behielt IHR schwarzes T-Shirt als Schild an   SIE trug einen Dildo, was ich das ganze Essen über schon genossen hatte, ich hielt mich nur wegen IHRES Sohnes zurück, IHRE verlockende Wölbung zu streicheln

Ich hob meine Beine & das Ausloten begann   Ich wechselte von Erregung zum Überdenken eines Stückes, an dem ich nachmittags gearbeitet hatte, Worte sind immer bezwingender als die Realität oder vielleicht die einzige Möglichkeit, wie ich die Realität ertragen kann: mein schwarzes T-Shirt   Wir trieben es unaufhaltsam voran, SIE hatte mehrere Orgasmen, ich war ein paarmal nahe dran, doch mein Körper war gescheiter als ich & weigerte sich, IHR irgend etwas zu geben

Ich dachte an den Mann, der mich als Kind so lange vergewaltigt hatte, seine Augen waren auch grün, doch dies war keine Vergewaltigung, es war schlimmer, weil wir beide abwesend waren   Ich erinnerte mich an all die Jungs in der High-School, die mich auf genau die gleiche desinteressierte Art gefickt hatten, weil es erwartet wurde, etwas bewies, nicht weil sie Sex oder mich mochten   Ich sah IHR nacktes, frierendes, einsames Kind wieder, hastig versteckt   Ich stellte mir vor, daß wir das noch ein paarmal würden tun können & meinem Körper würde wieder einfallen, wie er ohne Gefühl oder Verbindung kommt, in diesem gefährlichen Land der Dominanz, das er Liebe nannte   Ich fragte mich, während SIE mich fickte, ob SIE sich langweilte, weil ich wußte, es war Mitleidsfickerei – Schmerz & Kontrolle sind IHR Blueberry Hill   Nach einer Stunde oder so wollte ich oben sein   SIE sagte, SIE ließe keine obenauf, niemals   Ich drängte SIE, schnurrte, daß es SIE nicht umbringen würde, mich auf IHREM Schwanz sitzen zu lassen, da es so leichter für mich sei zu kommen   Ich ritt SIE gern, mit schwingenden Brüsten

Am Morgen war SIE lieb, aber in Eile & müde, zu spät dran für die Arbeit   Ich bemerkte, wie gewöhnlich SIE aussah in IHRER Uniform   Begriff die Faszination, die S/M für SIE darstellte – der einzige Ort, an dem SIE einzigartig sein konnte   Schreiben ist mein Ort & vielleicht bin ich selbst eine Sadistin, will die ultimative Kontrolle über die Wirklichkeit, mit meinem Messer Worte schnitzen, Narben hinterlassen, gegen die andere Geliebte vergeblich protestiert haben

IHR Sohn blieb mit Halsschmerzen zu Hause, also ging ich zum Laden, um ihm Saft zu kaufen & dann zu meiner Arbeitsstelle, mit einer Blase am kleinen Zeh von diesen neuen Schuhen & keinem anderen Mal auf meinem Körper, trotz der Warnung meiner Freundinnen

SIE rief nicht wieder an   Ich habe SIE seit über einem Jahr nicht gesehen   Ich widerstand dem Drang, IHR rote Rosen zu schicken, als die Nacht des 14. Mai wiederkehrte   Ich vermute, daß SIE sich möglicherweise nicht einmal an mich erinnert Bin erstaunt über die Tiefe meiner Verletztheit, denn ich war sicher, mich abgeschirmt zu haben, um ohne Konsequenzen benutzt werden zu können

Liebe erwachte trotz meines Zorns, trotz unbefriedigendem Sex, den ich nicht wiederholen würde, trotz IHRER   Ich fragte mich, ob es genaugenommen IHR eines ausgewischt war, da SIE mich gewarnt hatte, mich nicht in SIE zu verlieben   Ich sagte, wenn doch, würde ich es IHR niemals erzählen   Lügen gehören zu meinen Werkzeugen   Ich fabriziere sie sorgfältig, prächtig, mit Pferdefuß   Als die Zeit verging, habe ich IHR im stillen gratuliert, mich an der empfindlichsten Stelle verletzt zu haben, zum Sieg   Ich habe aufgehört, IHR geistreiche, provozierende Postkarten von den verschiedenen Lesereisen zu schicken, SIE zu sticheln, bis SIE umzog   Ich habe auf diese Selbstzerstörung gestarrt, deren verblaßtes Überbleibsel SIE ist Ich habe diese Worte umgestellt, bis ich gesehen habe, was mir hätte klar sein sollen: SIE wird mich niemals anrufen, weil ich keine Angst vor IHR habe, noch nicht einmal IHR zuliebe vorgeben könnte, Angst vor IHR zu haben, IHR niemals gehorchen würde, meine wahre Kraft noch niemandem überlassen habe & das ängstigt SIE mehr, als ich mir vorstellen kann   Kratz an dem Schinder & finde den Feigling   Ich bin mir neuerlich bewußt, wie gefährlich ich beim Möbelrücken bin

SIE witzelte darüber, gern Häschen zu ficken & ich neckte SIE auf einer meiner Postkarten mit IHRER Häschenparade, selbstgefällig im Wissen, daß ich kein Häschen bin, auch deshalb, denke ich, hat SIE nicht angerufen   Ich log, als ich SIE glauben ließ, SIE hätte die Kontrolle

SIE enthüllte viel über meine vorherigen Beziehungen, eine bittere Lektion darin, warum sie so oft in Mißbrauch mündeten Ich scheine jemand zu sein, die leicht herumzuschubsen ist & das bin ich auch   Doch ich kehre dahin zurück, wohin zu gehen ich von Anfang an entschlossen war, ein Trick, den ich gelernt habe, um meine Mutter & meinen Vater & meinen Onkel zu überleben   Gib vor, sie hätten die Kontrolle über dich, damit du machen kannst, was du willst   Ich weiß, welche Wut ich erzeugt habe, versteckt hinter einer Wand aus Passivität, überzeugt, ein Opfer zu sein   Starr   Ich liebe SIE für das, was ich als Ergebnis IHRES Schweigens in mir erkannt habe   Ich liebe das Kind, das SIE haßt & verhehlt   Ich möchte SIE auch nicht wiedersehen   Ich habe Angst davor, wie sehr ich mich verändert habe

Ich fange einen strengen Geruch aus meiner Achselhöhle auf, der mir sagt, daß ich Angst habe, während ich dies schreibe Angst vor der Zensur derer, die sagen werden, ich sei krank, SIE zu lieben, obgleich es keine Beziehung zwischen uns gibt   Die nicht wollen, daß ich erkunde, was S/M bedeutet, oder nicht hören wollen, daß Schreiben Dominanz & Kontrolle ist, die wir nicht wahrhaben wollen   Angst vor denen, die zornig sind, weil dies keine sexy Geschichte ist oder weil sie IHRE Privatsphäre verletzt, Aspekte enthüllt, die wenig schmeichelhaft sind, erkundet, was all jenen ein Rätsel bleiben soll, die für diese Macht nicht empfänglich sind   Angst vor der Abscheu derer, die sich nicht so wie ich in IHR wiedererkennen oder die darauf beharren, daß eine von uns beiden schlecht ist   Ich weiß, daß SIE von meiner Furchtlosigkeit & meinem Gelächter genauso verletzt war wie ich von IHREM Schweigen   Daß, wenn SIE SICH SELBST in diesen Worten erkennt, SIE sich fragen wird, ob ich nicht die größere Sadistin bin

Beim Zurückschauen über meine Schulter sehe ich, daß SIE in Narben erstarrt ist   Ich gehe fort   Meine Beine, immer noch wunderschön, lang & anmutig, bewegen sich zu neuen Liebhaberinnen, ohne Angst & immer noch gefährlich

Barbara Krantz

Eva

Ich liege im Bett meines Bruders und schlafe mit seiner Frau. Für Eva bin ich die erste Frau, mit der sie schläft. Für mich ist es das erste Mal, daß es eine Frau aus der Verwandtschaft ist. Mit Eva falle ich von einer Verwunderung in die nächste.

Ich dachte immer, alle Frauen schmeckten an ihrer intimsten Stelle nach Fisch. Meine früheren Partnerinnen schmeckten alle danach. Und ich schmecke danach, soweit ich das selbst beurteilen kann. Meine Feuchtigkeit strömt einen vertrauenerwekkenden Duft von Salzwasser, Seetang und Dieselöl aus.

Eva schmeckt nach Brot, nach süßem Brot. Beinahe Kuchen. Doch nein, es ist eindeutig Brot. Aber süß, o so süß! Ich kann gar nicht genug von ihr bekommen. Ich habe mich zwischen ihren Beinen eingenistet, meine Zunge an ihrer brotigsten Stelle. Ich liege auf dem Bauch und habe Aussicht auf ihren Nabel. Ich strecke die Füße in die Luft und wackle mit den Zehen. Eva ist heute mein Abendbrot. Ich dehne die Mahlzeit aus. Mir kann es nicht lange genug dauern. Ihr kann es nicht schnell genug gehen.

Manche mögen behaupten, daß es unmoralisch sei, was ich hier treibe. Daß ich es mit einer Frau tue, sind die Leute von mir gewohnt. Aber daß es ausgerechnet meine Schwägerin ist, mit der ich mich im Bett tummle, das geht einigen zu weit. Ich gebe zu: es ist ungewöhnlich, und es ist unmoralisch. Aber es war unvermeidlich, und ehrlich gesagt kann ich gar nichts dafür.

Vor einigen Monaten war ich bei meinem Bruder Max zu Besuch. Eva, seine Frau, hatte Geburtstag. Max schleifte mich, kaum war ich zur Tür hereingekommen, in sein Arbeitszimmer. Er wollte mir seinen neuen Computer vorführen. Ich hielt das für einen Vorwand. Ich vermutete, daß er der ach so fröhlichen Geburtstagsgesellschaft entkommen wollte. (Max findet nämlich seine Schwiegermutter unausstehlich, und sie war Teil dieser Gesellschaft.) Ich irrte mich nicht. Aber es steckte noch mehr dahinter. Max wollte mich sprechen. Er fing an zu reden und hörte nicht mehr auf.

Nach drei Stunden schlichen wir uns durch die Hintertür aus dem Haus. Wir hatten Durst, wollten aber weder die Geburtstagsgeselligkeit stören, noch uns von der Schwiegermutter stören lassen. Wir wollten in Ruhe etwas trinken. Also entwischten wir zum Griechen an der Ecke. Da saßen wir noch einmal drei Stunden und redeten.

Max fing an, über sich zu sprechen. Es war zwanzig Jahre her, seit er das zum letzten Mal getan hatte. Er begann bei seinem Computer (dem neuen), erzählte von seiner Arbeit und dann von seiner Frau und seinen beiden Kindern. Ich hatte nicht erwartet, daß er sich Gedanken über Eva und die Kinder machte. Ehrlich gesagt hatte ich gedacht, daß er sorglos mit seiner Familie vor sich hin lebte, ohne sich viel dabei zu denken. Das Gegenteil war der Fall.

Max hatte große Träume und große Pläne. Er wollte nach Asien. Am liebsten hätte er alles an den Nagel gehängt und wäre ein Jahr lang auf Reisen gegangen. Er wollte nach China. Er war jemandem von dort begegnet, bei dem er gern für längere Zeit bleiben würde, um Land und Leute kennenzulernen. Aber das ging ja nicht. Er hatte schließlich Frau und Kinder. Seine Träume würden unerfüllt bleiben.

Er fragte unvermittelt nach mir. Wie es mir ginge. Er habe gehört, daß meine letzte Freundin mich verlassen hätte. Er äußerte Anteilnahme und Besorgnis. Ob es mir gutginge? Es ging mir beschissen. Sie war die vierte Frau in zehn Jahren, mit der es in die

Brüche gegangen war. Als ich Max davon erzählte, mußte ich prompt heulen.

Max nahm mich in den Arm. Da mußte ich noch mehr heulen. Er fragte, was ich mir wünsche. Ich sagte, das, was du hast – eine Frau und Kinder, ein Zuhause. Er gab mir sein Taschentuch. Ich fragte ihn, was er sich wünsche. Er sagte, das, was du hast – Freiheit. Die Freiheit, zu gehen, wohin ich will.

Ich trank noch einen Schluck Retsina und versuchte, auf ein unverfänglicheres Thema umzuschwenken. Auf Urlaub, zum Beispiel. Auf Griechenland. Der Versuch schlug fehl. Auf Kreta war meine letzte Beziehung zu Ende gegangen. Mir kamen schon wieder die Tränen.

Max schwärmte mir von China vor. Ich verstand anfangs gar nicht, was ihn an dem Land so faszinierte, aber schließlich steckte seine Begeisterung mich an. Ich schlug spaßeshalber vor, daß wir doch tauschen könnten: Er könnte nach China gehen, und ich könnte zu Eva und den Kindern ziehen. Dann hätten wir beide, was wir wollten. Na ja, so ungefähr wenigstens.

Max wurde ganz still. Er schien nachzudenken. Ich wollte gerade sagen, daß das doch nur ein Witz gewesen war, als er mit der Zunge schnalzte.

„Gar nicht so dumm“, sagte er. „Das könnte gehen. Magst du Eva? Gefällt sie dir?“

„Du, hör mal, so war das nicht gemeint.“

„Sie mag dich.“

Ich hatte den Eindruck, daß er gar nicht zugehört hatte.

„Sie mag dich wirklich.“

Eva und ich kannten uns nicht besonders gut. Woher wollte sie wissen, ob sie mich mochte?

„Wir reden oft über dich. Eva findet dich toll.“

Mir wurde die Sache ein bißchen peinlich. Ich schwieg.

„Nein, ehrlich. Ich finde deinen Vorschlag klasse. Würdest du das machen wollen? Würdest du dich mit Eva verstehen?“

„Na ja, ich meine, es war eigentlich nur so dahin gesagt. Aber ich könnte mir schon vorstellen, daß ich mich mit Eva ... Warum eigentlich nicht?“

„Ja, warum eigentlich nicht?“ sagte Max. „Wir könnten es doch probieren.“

Wir schauten uns an. Wir könnten es probieren. Wir bestellten noch eine Runde Retsina und tranken Bruder- und Schwesternschaft. Auf unseren Plan. Es könnte funktionieren. Warum eigentlich nicht?

Vor der Kneipentür verabschiedeten wir uns. Wir gingen in unterschiedliche Richtungen davon. Ich überlegte, was Eva zu unserer Idee sagen würde. Bei dem Gedanken daran wurde mir ein wenig mulmig. Mein Pech war, daß ich ihr schon bald wieder unter die Augen würde treten müssen. Ich hatte bei unserer Flucht meine Jacke an ihrer Garderobe hängen lassen. Mir war kalt. Ich klapperte mit den Zähnen.

Max war pfeifend davongegangen. Es war erstaunlich. Er hatte sechs Stunden zuvor die Geburtstagsfeier seiner Frau verlassen, ohne auch nur einen Ton zu sagen. Und nun ging er gutgelaunt nach Hause zurück, um seiner Frau zu berichten, daß er nach China fahren würde. Seine Schwester würde so lange bei ihr einziehen und sich mit ihr zusammen um die Kinder kümmern. Welche Ehefrau ließ sich so etwas gefallen?

„Warum nicht?“ hatte Max gesagt. „Ich kann es ihr doch zumindest vorschlagen. Eva ist eine ganz besondere Frau.“

Das mußte sie wohl sein.

Am nächsten Tag ging ich bei Max und Eva vorbei, um meine Jacke zu holen. Mein Magen fühlte sich an wie eine Kugel Eis, und kalt war mir sowieso. Eva öffnete die Tür.

Ich hatte erwartet, daß sie kurz angebunden sein würde, wenn nicht gar sauer. Sie war das Gegenteil. Sie war entzückend. Das

Eis in meinem Magen wurde mit Himbeersauce übergossen und flambiert.

„Komm rein“, sagte sie lächelnd.

„Ich hab' keine Zeit“, stammelte ich. Ich schien die zum Eis gehörende Schlagsahne plötzlich in den Knien zu haben. „Ich ... äh ... ich muß gleich zur Arbeit.“

„Ich dachte, wir besprechen jetzt, wann du zu uns ziehst?“

Das Eis rutschte plötzlich eine Etage tiefer. Ich hatte schlagartig kalte Füße.

„Äh ... wie?“ Besonders intelligent kann ich nicht geklungen haben.

„Na, ich dachte, du kommst zu uns, wenn Max nach China fährt?“

„Wie? Hat er dir das schon erzählt?“

„Aber sicher, was denkst du denn? Er mußte doch einen guten Grund gehabt haben, mit dir zusammen auszubüchsen. Und das an meinem Geburtstag. Du glaubst doch nicht, daß ich dann nicht nachfrage, was los ist?“

Natürlich nicht. Wie dumm von mir. Wie hatte ich das denken können?

„Findest du es denn okay?“

„Ja, ich finde es okay.“

Punkt. Mehr sagte sie nicht. Was hätte sie noch sagen sollen? Ja, ich finde es okay. Klar und deutlich. Eva ist keine Frau der großen Worte. Ich bewundere Menschen, bei denen immer alles so eindeutig ist. Ja, ich will. Es gab eine Frau in meinem Leben, der ich gern so geantwortet hätte. Bevor sie mich hatte fragen können, war sie an einer griechischen Bardame klebengeblieben. Und damit war die letzte Aussicht auf Romantik aus meinem Leben verschwunden.

„Hallo?“ Das war Eva.

„Entschuldige.“ Ich schüttelte den Kopf. Kreta ade. Hier stand ich schlotternd und verdutzt vor einer Haustür, die vielleicht in

Kürze schon meine eigene sein würde. Vor einer Frau, die … Meine Güte, das ging zu weit. Ich schob es auf den Retsina. Anscheinend war ich noch nicht richtig ausgenüchtert.

„Also, was ist?“ meinte Eva. „Wenn du jetzt nicht reinkommen kannst, um die Sache zu bereden, wann dann?“

„Heute abend?“ schlug ich vor.

„Gut. Komm zum Essen. Wir essen gegen sechs. Der Kinder wegen. Dann kannst du sie auch gleich näher kennenlernen.“

Ich bog schon um die nächste Straßenecke, als ich merkte, daß ich immer noch keine Jacke anhatte.

Pünktlich um sechs saß ich an ihrem Tisch. Eva werkelte mit rotem Kopf und wirrem Haar in der Küche herum. Ich sah ihr fasziniert zu. Jede Bewegung war kontrolliert, ohne steif zu wirken. Ein Handgriff war ein Handgriff, nicht mehr und nicht weniger. Mir fiel auf, daß sie schöne Hände hatte.

Max hatte angerufen und gesagt, er käme später, wir sollten nicht auf ihn warten. Die Kinder stürzten sich auf das Essen. Mit vollen Mündern kauend starrten sie mich an.

„Wirst du unser Papa, wenn Papa wegfährt?“

Die Gören waren gut informiert. Nicht zum ersten Mal beschlich mich angesichts unseres Plans ein mulmiges Gefühl. Meine Umwelt schien im Zeitraffer zu leben, während ich im vertrauten Tempo vor mich hin wurschtelte. Was war eigentlich los? Hatte der Retsina mir mehr zugesetzt, als ich mir eingestehen wollte? Es soll schon vorgekommen sein, daß Leute von den Harzstoffen Halluzinationen bekommen haben.

„Also, was ist? Wirst du nun unser Papa oder nicht?“

„Äh … also … nein, nicht ganz.“

„Schade.“ Das war Eva.

Ich starrte sie an. Sie grinste mir zu.

Als ich nach Hause ging, hing mir dieses Grinsen noch immer nach.

Max reiste zwei Monate später ab. Leicht fiel es ihm nicht. Er hatte Tränen in den Augen, als er sich von seiner Frau und seinen Kindern verabschiedete. Als er mich umarmte, flüsterte er mir zu: „Paß gut auf sie auf und mach keine Dummheiten."

Es tut mir leid, Max. Ich bin nicht gut im Aufpassen, und Dummheiten waren schon immer meine Spezialität.

Nachdem wir Max zum Flughafen gebracht hatten, fuhren wir bei meiner Wohnung vorbei, um meine Sachen zu holen. Dann fuhren wir zu Eva. Ich wurde im Gästezimmer einquartiert.

Wir feierten meinen Einzug mit Tiefkühlpizza und einem Abend vor der Glotze. Ob es das war, was Max sich vorgestellt hatte, als er mich zur Miterzieherin seiner Kinder machte?

Als die Kinder im Bett lagen, fragte Eva mich aus. Ich hatte es befürchtet. Ich hatte jedoch gehofft, daß Eva den Anstand besitzen würde, es zumindest nicht am ersten Abend zu tun. Eva besaß überhaupt keinen Anstand. Ich hätte es mir denken können.

Sie fragte mir das Hemd vom Leib. Ich hatte mir vorgenommen, mich auf keine Enthüllungen einzulassen. Auf gar keinen Fall. Ich fühlte mich manchmal wie der letzte Wischlappen. Das sollte Eva um keinen Preis erfahren.

Eva erfuhr alles. Sie erfuhr alles an diesem ersten Abend und in dieser ersten Nacht. Sie sah mich mit großen dunklen Augen an und fragte und fragte. Ich erzählte.

Die letzte Trennung, die hatte mir den Rest gegeben. Ich hatte keine Lust mehr. Das Leben hatte keinen Sinn. Was bin ich für eine Frau, die immer verlassen wird?

„Eine schöne Frau", sagte Eva.

Ich starrte sie an. Langsam, aber sicher schien mir die Situation vollends zu entgleiten. In meinem Kopf kreisten Gedanken, und in meinem Bauch kreiste der Cognac. Mir wurde warm. Schweiß brach mir aus. Bildete ich mir das ein, oder war Eva wirklich ein Stück näher gerückt? Ich spürte eine Hand auf meiner Hand. Ich traute mich nicht hinzusehen. Wer oder was mich auch immer berührte, ich tat, als merkte ich es nicht. Ein Arm legte sich um meine Schulter. Dies war eindeutig nicht das Hausgespenst. Und auch nicht meine Einbildung. Dies war eindeutig Eva. Ich ließ meinen Kopf an ihre Schulter sinken. Eva kämmte mit ihren Fingern durch mein Haar. Sie flüsterte in mein Ohr. Ich weiß nicht, was sie sagte. Es war völlig egal. Es klang nett. Es klang netter als alles, was ich jemals gehört hatte. Ich hatte das Gefühl, daß ich in ihren Armen kleiner und kleiner wurde. Ich schrumpfte, bis ich höchstens noch handtellergroß war. Ich war ein Vögelchen, das aus dem Nest gefallen war. Eva hob mich auf. Sie bot mir eine Achselhöhle, in die ich mich nesteln konnte.

Es war schon fast Morgen, als Eva sagte: „Komm, wir gehen ins Schlafzimmer." Wie immer meinte sie genau, was sie sagte.

Sie nahm mich an der Hand und führte mich hinauf ins Schlafzimmer. Als ich merkte, daß es ihr Schlafzimmer war, war es zu spät. Eva legte mir die Hände auf die Schultern, drückte mich sachte auf die Bettkante hinunter und setzte unsere Enthüllungen fort. Sie knöpfte meine Bluse auf und streifte sie mir von den Schultern. Sie öffnete mit geschickten Fingern meinen BH und machte sich anschließend an der Gürtelschnalle zu schaffen. Sie drückte mich auf die Matratze und zog mir die Hose aus. Es folgten die Socken und die Unterhose.

Ihre Lippen krochen über meine Schenkel, ihre Finger gruben sich in meine Schamhaare. Sie drehte mich auf die Seite und zog die Bettdecke unter mir hervor. Sie kniete sich neben mich und deckte mich zu.

Mit halb geschlossenen Augenlidern sah ich, wie sie ihre Kleider auszog. Ihre Umrisse zeichneten sich dunkel vor dem heller werdenden Fenster ab. Sie kroch zu mir unter die Decke und schlang ihre Arme um mich. Ihr Duft war betörend. Ich sog ihn ein, als wäre es das erste Mal, daß ich etwas riechen könnte. Als wäre es meine erste Sinneserfahrung. Als wäre Eva die erste Frau

Du bist die erste Frau in meinem Leben. Du bist Anfang und Ende der Welt. Von dir kommend und zu dir gehend bin ich. Ich bin in deiner Hand. Halt mich fest. Halt mich fest. Dies sind meine Tränen, und dies ist mein Schmerz. Nimm mich in deine Hände und trockne mein Gesicht. Berühre meine Lippen, meine Wangen, meine Augen. Ich bin salzig und feucht. Ich bin ein Vögelchen in deiner Hand. Mit geschlossenen Augen warte ich darauf, daß du mich fütterst. Ich bin klein und zerbrechlich, mein Gefieder ist zerzaust. Glätte meine Federn, streichle mich sanft. Wenn du mich sicher hältst, öffne ich die Augen. Ich bin ein Vögelchen in deiner Hand, klein und noch lange nicht flügge.

Eva hebt mich auf und trägt mich fort. Ich bin der erste Vogel in ihrem Paradies. Ihre Hände sind zart, aber kräftig. Sie untersucht meine Flügel und meinen Bauch. Sie spuckt mir in den Mund und haucht mir ihren Atem ein. Sie betastet meinen Körper. Sie geht zielstrebig vor, aber sanft. Nichts ist gebrochen.

„Du kannst fliegen", sagt sie. „Komm, ich zeige dir, wie es geht."

Ihr Mund streicht über meinen Bauch, ihre Zungenspitze hinterläßt Schneckenspuren auf meiner Haut. Mein Nabel ist ein Vogelbad. Unter meinem Nabel sprudelt das Leben. Sie gräbt ihre Nase zwischen meine Beine und seufzt.

Trink, Eva, trink. Dies ist mein Leib, dies ist meine Quelle. Lösche deinen Durst und stille deinen Hunger. Nimm den Apfel vom Baum der Erkenntnis, und siehe, hier bin ich. Ich bin dein Leben, und ich bin in deiner Hand.

Du tauchst auf. Wie beiläufig streifen deine Brüste meine Brüste. Du legst dich auf mich. Dein Gewicht schweißt uns zusammen. Unser Schweiß vermischt sich und wird eins. Ein Duft von dir und von mir, so riechen wir.

Mit einer einfachen Geste schließt du meine Lider. Schlaf. Du drehst meinen Kopf auf die Seite und drückst deine Lippen auf mein Ohr. Ich höre die Vögel draußen zwitschern. Deine Kinder sind wach geworden und toben durchs Haus.

Ich liege in den Federn und lausche, was du mir zu sagen hast. Deine Zunge dreht eine Runde und noch eine, bis sie mein Ohr verschließt. Es wird feucht, es wird warm. Als deine Zunge mein Ohr verläßt, ist es kalt um mich herum. Ich fröstele. Du fährst mir mit den Fingern durchs Haar, legst deine Hand in meinen Nacken. Du blickst mich mit unergründlichen Eva-Augen an, und deine Lippen formen meinen Namen. Ich kann dich nicht hören, aber ich sehe, was du sagst. Du bist die erste Frau, die meinen wahren Namen kennt. Dein Mund wird spitz, dann rund, dann breit. Deine Zunge erscheint kurz zwischen den Zähnen. Ich fröstele wieder.

Hebe mich auf und glätte meine Federn. Trockne mein Gesicht und berühre mich sanft. Und wiederhole, wiederhole, was du mir zu sagen hast.

Ich erhebe mich in die Lüfte und siehe da, ich kann fliegen. Ich kreise an der Zimmerdecke über unserem Bett. Dann schwinge ich mich hinaus. Ich schwebe unter dem offenen Himmel. Ich sehe die Vögel im Garten und die Kinder, die aus der Küchentür ins Freie stürmen. Ich hole tief Luft und fliege schwungvoll durchs Fenster zurück in dein Zimmer. Dort lande ich auf deiner Hand.

Du öffnest die Augen und lachst mich an.

„Guten Morgen“, sagst du. „Guten Morgen, mein Spatz.“

Seitdem laufe ich mit schrecklichen Gewissensbissen herum. Jeden Morgen denke ich, nein, nein, nein, dies muß ein Ende haben. Jeden Abend steige ich zu Eva ins Bett.

Sie ist faszinierend. Sie ist das wunderbarste Wesen, das ich kenne. Es ist nur gut, daß die Kinder ab und zu unsere Aufmerksamkeit verlangen.

Durch Eva mache ich ganz neue Erfahrungen. Mir passieren peinliche Dinge. Wenn ich im Supermarkt in der Schlange vor der Kasse stehe oder im Wartezimmer bei der Ärztin sitze, denke ich an sie. Ich sehe sie vor mir. Ich rieche sie. Ich spüre ihre Haut an meiner Haut, ihren Atem in meinem Mund, ihre Finger zwischen meinen Beinen. Ich muß mich zusammenreißen und die Einkäufe aufs Band legen, ich muß mich zusammenreißen und auf die Namen hören, die bei der Ärztin aufgerufen werden.

Sie küßt mich und schaut mich an. Sie flüstert mir zu: mein Spatz. Sie legt ihren Kopf auf meine Brust und nimmt mir den Atem. Ich keuche. Die Sprechstundenhilfe fragt, ob ich ein Glas Wasser möchte. Ich starre sie entgeistert an.

Max hat geschrieben. Es geht ihm gut. Er fragt, wie es uns geht. Ich frage Eva, was sie ihm antwortet. Sie grinst mich an. Ich habe beschlossen, daß ich ihm nicht zurückschreibe. Was sollte ich ihm erzählen? Es geht mir gut, ich schlafe allnächtlich mit deiner Frau, und deine Kinder werden völlig vernachlässigt?

Heute kam sein zweiter Brief. Der Umschlag ist an Eva und mich adressiert. Es sind zwei Briefe drin. Einer ist für Eva, und einer ist für mich. Ich kann nicht widerstehen. Ich falte den Brief auf, der für Eva ist.

Liebe Eva, steht da, *ich freue mich so für Dich! Unser Plan hat also geklappt. Ich gönne es Dir von Herzen, daß Du jetzt die Liebe findest, die Du Dir immer gewünscht hast. China ist großartig. Und Bob ist es auch. Er möchte Euch kennenlernen. Vielleicht kommen wir in einigen Wochen zu Besuch. Bob hat dann in Europa zu tun. Grüß mir die Kinder. Alles Liebe …*

Ich koche vor Wut. Ich möchte schreien und toben. Was fällt euch eigentlich ein? Ihr gemeinen, hinterhältigen Biester! Ich hasse euch! Ich ziehe aus. Sofort! Soll Eva sehen, wie sie allein zurechtkommt! Das lasse ich nicht mit mir machen!

Eva kommt strahlend zur Tür herein. Mein Herz macht einen Hüpfer. Blödes Organ, bleib, wo du bist, misch dich hier nicht ein. Dies ist eine ernste Sache.

„Max hat geschrieben", sage ich und versuche, meiner Stimme einen unwirschen Ton zu geben.

Ich halte ihr den Brief unter die Nase. Sie schaut mich mit erhobenen Augenbrauen an. Ich versuche, nicht zu grinsen. Ich verbiete meinen Mundwinkeln ihre Reaktion auf Evas Anblick. Diesmal nicht. Reißt euch zusammen!

Eva überfliegt den Brief. Ihre Augen beginnen zu leuchten.

„Wunderbar!" ruft sie. „Ich habe mich schon gefragt, wie ich es dir beichten könnte."

Sie führt mich zum Sofa und setzt sich auf meinen Schoß. Sie küßt mich auf den Mund. Ich habe wieder Eis mit heißer Himbeersauce im Bauch. Die Hitze gewinnt immer. Ich schmelze. Wie könnte ich dieser Frau widerstehen?

Chea Villanueva

Morgen

Schon seit einiger Zeit wurde es zunehmend dunkler im Atelier. Die in der Ecke verstauten Leinwände bildeten eine kaum erkennbare Skulptur. Im Westen der Stadt sah man noch immer die durch die Fenster einfallenden lavendel- und orangefarbenen Streifen der Sonne. Der heiße, drückende Tag verwandelte sich in eine ebenso drückende Nacht. Die Hitze stieg träge von der Straße auf. Obwohl es früher Abend war, eine Zeit, zu der die meisten Menschen in New York gewöhnlich dem Abendessen oder irgendeiner Freizeitbeschäftigung zustreben, hastete niemand unten die Straße entlang. Der alte Straßenverkäufer an der Ecke packte Obst und Gemüse zusammen, Kinder auf Roller-Skates stellten das Rennen ein. Und wir saßen schweigend da.

Wir kannten einander seit langer Zeit. Ich wußte nicht mehr, wie viele Jahre. Sie merkte sich solche Sachen. Jedenfalls lange genug, um zusammen zu weinen, zusammen zu lachen und zusammen zu träumen; das genügt, um aus zwei Frauen Freundinnen zu machen. Das Eis in unserem mit Wasser gemischten Wein war geschmolzen. Keine von uns machte Anstalten, die Gläser aufzufüllen. Wir saßen eine ganze Zeit still da und beobachteten die Dämmerung. Es hatte während des Besuches viele lange Minuten des Schweigens gegeben, doch wir waren eng genug befreundet, um die Gesellschaft der anderen auch ohne müßiges Geschwätz zu genießen.

Ich brach den Zauber, indem ich das Licht anschaltete und im Kühlschrank nach etwas Eßbarem herumstöberte. Kalter Schinken und Kartoffelsalat genügten. Es war zu heiß, um irgend etwas anderes zu essen. Während ich die Teller herrichtete, mixte Frankie zwei weitere Drinks. Wenige Minuten später saßen wir da und stocherten desinteressiert im Essen herum.

„Und, hast du irgendeinen Vorschlag, was wir heute abend machen könnten?"

„Eigentlich nicht. Ich würde gern irgendwohin gehen, wo es neue Gesichter gibt, statt ewig dieselben, die wir den ganzen Sommer über gesehen haben."

Frankie schaute beiseite. „Ich weiß, was du meinst. Ich könnte auch ein paar Neuigkeiten vertragen, statt immer denselben alten Klatsch, der die Runde macht."

Wir beendeten das Essen, und Frankie nahm das Geschirr und trug es zur Spüle. Ich ließ meinen Gedanken mit dem Spülwasser freien Lauf, während ich im Geist ganz New York durchging. Mir fiel ein, daß ich von einer neuen Bar gehört hatte, erst letzte Woche ... Luz hatte sie erwähnt.

„Ich hab's! Wie wär's mit dieser neuen Bar, die gerade an der Siebten, Ecke B-Avenue aufgemacht hat? Ich glaube, sie nennt sich Peg's. Was meinst du?"

Frankie zuckte die Schultern. „Ich weiß nicht. Ist der Eintritt sehr teuer? Ob die gute Musik zum Tanzen spielen? Und ob da irgendwelche guten Butches rumhängen?"

„Also, ich hab' gehört, es gibt eine Bar, eine DJane und ein paar Videoschirme. Wenn Luz hingeht, kann's so schlecht nicht sein."

„Auf was warten wir dann noch? Beeilung, und nichts wie raus hier! Was soll ich anziehen? Ich muß noch duschen ..." Frankie verschwand, immer noch vor sich hin redend, den Flur hinunter zum Badezimmer. Ich machte mir nicht die Mühe, ihr zu antworten. Was sollte ich anziehen? Wollte ich eine abschleppen? Ich entschied mich für enge schwarze Jeans, schwarze Basketballschuhe und ein neues weißes, ärmelloses „Fruit of the Loom"-Unterhemd. „Perfekt", sagte ich zum Spiegel und ließ die Muskeln spielen. Ich sah wirklich gut aus.

Frankie war mit Duschen fertig, und so ging ich ins Bad. Als ich herauskam, hatte sie einen Joint angezündet, die Stereoanlage aufgedreht und tanzte zu Aretha Franklin.

Ich schaute zu, bis Frankie sich meiner Anwesenheit bewußt wurde. Das Blut schoß mir in den Kopf, als sie fragte: „Na, wie seh' ich aus? Meinst du, ich lern' heute abend jemand kennen?"

„Du siehst klasse aus", knurrte ich. „Komm, machen wir, daß wir hier rauskommen!"

Eine Stunde später stiegen wir aus der U-Bahn und gingen die Avenue B hinunter. Frankie war sich ihres Aussehens immer noch nicht sicher. „Seh' ich wirklich gut aus?"

„Mach dir keine Gedanken, Süße. Alle werden dich anschauen und fragen: ‚Wer ist denn die heiße Nummer da?'"

„Yeah, genau. Scheiße, die haben schon ewig nicht mehr so was Heißes wie uns gesehn!" Frankie stolzierte verführerisch die Straße entlang.

„He, Frankie! Das muß es sein." PEG'S verkündete ein Neonschild vom Dach eines Gebäudes herunter, das früher eine Tankstelle gewesen war. Wir wären daran vorbeigelaufen, wenn das Schild nicht gewesen wäre. Von außen sah es immer noch aus wie eine Tankstelle, bis auf die schwarz gestrichenen Fenster. Wir gesellten uns zu drei Frauen, die draußen standen. Das Trio beobachtete die Straße und schien sich nicht sicher, ob sie hineingehen sollten.

„Komm schon", sagte Frankie. „Bringt nichts, hier draußen rumzuhängen."

Drinnen war es dunkel, abgesehen vom Blitzgewitter auf der Tanzfläche. Die Wände waren mit Spiegeln verkleidet, der übliche Trick, um kleine Räume größer aussehen zu lassen. In diesem Fall ließ es nur die zehn Leute wie zwanzig aussehen und die Barfrau doppelt so gelangweilt. Es gab nichts zum Hinsetzen, außer an der Theke, also machten wir es uns in einer Ecke bequem, begierig darauf, den ganzen Abend lang Frauen zu beobachten.

Zwei Stunden und sechs Drinks später hatte sich die Bar gefüllt. Frauen, die gemeinsam hereingekommen waren, standen noch in denselben Gruppen herum, die sich nur miteinander unterhielten. Die Singles saßen immer noch allein an der Bar oder lehnten an der Wand, je nachdem, ob sie beobachtet werden oder selbst beobachten wollten. Paare tanzten auf ihre vertraute Art miteinander, und nur die sehr jungen Singles (die alle kaum dem Teenie-Alter entwachsen zu sein schienen), tanzten mit neu erworbenen Freundinnen.

Frankie und ich stürzten uns ins Gewühl. Wir schlängelten uns durch die Menge, begrüßten alte Bekannte und versuchten, ein paar neue Leute kennenzulernen. Für richtige Partystimmung war die Bar zu neu, der Abend zu jung und die Menge zu nüchtern. Ich blieb stehen, beobachtete die Tanzenden und drehte mich zu Frankie um. „Ich halt's nicht mehr aus. Diese Frauen sind langweilig. Und wenn sie nicht langweilig sind, sind sie eingebildet. Entweder wir tanzen jetzt, oder wir gehen nach Hause. Ich hab' keinen Bock mehr."

Frankie stand vom Barhocker auf. „Dann laß uns tanzen. Ich hab' mich doch nicht extra angezogen, um den ganzen Abend hier rumzuhocken."

Die ersten paar Minuten tanzte ich mit geschlossenen Augen, um ein Gefühl für die Musik zu bekommen, doch dann spürte ich, wie eine Hüfte gegen meinen Oberschenkel stieß. Ich öffnete die Augen und sah, wie Frankie mich anlächelte. „Du siehst heute abend wirklich heiß aus. Ich weiß nicht, was mit diesen Frauen hier los ist."

Sie kehrte mir den Rücken zu und tanzte verführerisch davon. Ich folgte ihr, streckte die Hand aus und fuhr zärtlich mit einem Finger ihr Rückgrat hinunter. Frankie drehte sich um und fragte: „Weißt du, was du da tust?"

Das Wasser fühlte sich wundervoll an. Ich stand da und ließ den Brausestrahl über meinen Rücken rinnen, während ich mir immer wieder die Brüste und den Bauch einseifte. Ich ertappte mich dabei, mir vorzustellen, daß jemand anders mich mit dem Seifenstück verführte. Widerwillig drehte ich das kalte Wasser auf. Nachdem meine Haare trocken gerubbelt und die Zähne geputzt waren, gab es keinen Grund mehr, noch länger im Bad zu verweilen. Ich beschloß, nachzusehen, ob Frankie schon wach war.

Ich trat ins Zimmer und blickte zum Bett hinüber. Die Sonne schien golden durch den Pflanzenvorhang vor dem Fenster. Frankie war wach. Sie kniete mit dem Rücken zu mir. Ihre Hände spielten geistesabwesend mit der Grünlilie. Das Laken war heruntergerutscht und lag zusammengeknüllt auf dem Bett; die Sonne und die Pflanzen bildeten den Hintergrund zur Silhouette ihres nackten Körpers im Morgenlicht.

Ich ging durch den Raum auf das Bett zu.

Vera Du

Carlottas Schatz

Carlotta war weg und würde erst in zwei Tagen wiederkommen. Sie vermißte sie jetzt schon. Als sie von der Arbeit kam, müde und traurig, wurde sie vom Anblick der halb abgeräumten Badablage noch trauriger. Weg waren der Puder, der Lippenstift, der Lockenkamm – Carlottas ganze Sachen, die in ihrem Bad so exotisch und spannend ausgesehen hatten. Sie verbrachte viel Zeit im Bad, wenn Carlotta da war und betrachtete ihre Sachen. Es war so, als ob sie die Frau betrachtete – der Inhalt von Carlottas Kulturbeutel als Verlängerung ihrer Persönlichkeit.

Zwei Tage Durststrecke hatte sie vor sich – die wenige Zeit, die sie zusammen verbrachten, war zu kurz. Zwar trieben sie es praktisch ununterbrochen, wenn Carlotta da war, aber ihr war das lange nicht genug. Sie brauchte nur an den Lippenstift zu denken, schon war sie wieder scharf. Carlotta diskutierte nichts aus, problematisierte nichts, sie warf die Kleider ab und legte sie flach. Früher hatte sie geglaubt, Kuschelsex sei das größte. Aber seit sie Carlottas Mischung von bedienen und bedient werden kannte, verzichtete sie oft sogar auf das Vorspiel. Carlottas eindeutige Art, sie zu wollen und zu wollen, daß sie sie wollte, gab ihr das Gefühl, alles tun zu können und zu dürfen. Bei ihr hoffte sie nicht, daß sie kommen würde – sie kam. No sweat. Sie hatte eine ganz neue Seite an sich kennengelernt. Sie wollte Sex, ganz viel davon. Sie überließ sich ihr hemmungslos. Carlotta war so nah und kam immer näher. Der Gedanke an sie verursachte Unterdruck zwischen ihren Beinen.

Wenn sie schlief, würde die Zeit, bis Carlotta wiederkam, vielleicht schneller vergehen. Sie ging ins Schlafzimmer und ließ sich auf das Bett fallen. Wie zu erwarten war: Es roch nicht mehr nach Carlotta. Sie räumte das überzählige Kissen und die zweite Decke vom Bett und wollte sie in den Bettkasten legen. Als sie den Bettkasten herauszog, blieb er stecken. Etwas hatte sich zwischen Rolle und Boden verklemmt. Sie zog es hervor und konnte ihr Glück kaum fassen: Carlotta hatte ihr Schlafshirt vergessen. Zusammengewurschtelt war es unter dem Bett liegengeblieben – da, wo sie es heute nacht hingeworfen hatte. Sie schüttelte es aus und drehte es rechts herum. Ein himbeerfarbenes Shirt, ein einfaches Ding, aber wie es an Carlotta aussah! Keine andere Farbe stand ihr so gut. Das Shirt, leicht verwaschen, mit aufgerauhter Oberfläche und einigen Faserknubbeln kontrastierte mit der Glätte ihrer Haut. Es war so lang, daß nur noch die Spitze ihres Dreiecks hervorlugte, wenn sie keine Unterhose trug. Und es entfaltete eine unglaubliche Wirkung. Es verbreitete augenblicklich Carlottas Duft, und sie reagierte prompt. Bevor sie noch ihr Gesicht in den Baumwollstoff drücken konnte, fühlte sie schon ein leichtes Ziehen zwischen ihren Beinen, und sie wußte, daß die Säfte gleich anfangen würden zu fließen. Das Shirt roch lasziv muffig, leicht nach Schweiß, etwas stärker nach Carlottas teurem Duft, abgerundet durch die Erinnerung an den Geruch von Sex und von Massageöl. Der Duft war bekannt und doch fremd, weil er nicht von Carlottas Körperwärme animiert war.

Sie wußte alles über Carlottas Geruch. Sie konnte schätzen, wie lange ein Sofakissen nach einem Fernsehabend nach ihr riechen würde. Sie wußte auch, daß dieses Sofakissen die grasige Kopfnote ihres Duftes ausstrahlen würde: nach ihrem Parfüm und ihrem Deo. Carlotta selbst dagegen duftete so, daß die Herznote dominierte, ein wenig vanillig.

Sie spürte, wie das Blut in ihre Lippen schoß. Sie ging zum Spiegel und betrachtete ihren Mund. Tatsächlich, ihre Lippen waren ganz angeschwollen. Ihr Gesicht sah richtig verändert aus. Die Oberlippe machte einen leicht aufgeworfenen Eindruck. Ihr Mund war leicht geöffnet. Ihr Blick fiel im Spiegel auf ihre Hände, die das Shirt an ihre Brust drückten. Sie ließ es sinken und klemmte es sich zwischen die Knie. Dann zog sie ihren Pulli und ihren BH aus und das Shirt an. Sie fand, es stand ihr nicht. Sie fürchtete außerdem, es auszuweiten, und zog es wieder aus, obwohl es ein wohliges Kribbeln auf ihrer Haut verursachte. Carlotta war so etepetete mit ihren Sachen. Für ein ausgeweitetes Shirt hätte sie vielleicht kein Verständnis gehabt, besonders weil sie ihr kaum erzählen würde, unter welchen Umständen das Shirt gelitten hatte. Es hinterließ Carlottas Duft an ihr, aber das hielt nicht lange vor.

Sie zog sich aus und legte sich aufs Bett. Das Shirt drapierte sie wie einen Schal um ihren Hals. Ihre Hände fuhren an ihrem Körper hinunter. Wenn sie es selbst machte, war sie präzise, sie bewegte sich kraftsparend und zuverlässig auf den Orgasmus zu. Nicht zu schnell und nicht zu langsam. Aber ihr Duft erinnerte sie an eine ganz andere Art von Sex. Carlotta machte es keine zweimal gleich. Ihr fielen immer wieder neue Variationen ein. Manchmal dachte sie: Wie kann diese Frau mich nur wollen? Ich bin so hausbacken. Die Frauen vor ihr haben mich nichts gelehrt. Ich selbst war auch nicht gerade abenteuerlustig.

Wenn sie mit ihrem Latein am Ende war, überließ sie sich Carlotta ganz und gar und spielte den passiven Part. Wenn sie etwas tat, langte sie manchmal voll daneben, aber sie lernte dazu. Sie beneidete Carlotta um die Selbstverständlichkeit, mit der sie das Metier beherrschte. Wenn es nötig war, sorgte Carlotta sogar dafür, daß sie nicht vom Bett fiel.

Das Shirt machte sie ganz verrückt. Sie legte die Fußsohlen aneinander und fuhr mit ihren Fingern in die Falten zwischen ihren Beinen, bis ihre Fingerspitzen in die angesammelte Feuchtigkeit eintauchten. Sie verteilte sie in allen Falten. Dabei dachte sie an Carlottas pralle Möse. Sie machte ihren Zeigefinger ganz lang, massierte den Eingang und preßte die Lippen, rieb auf und ab, spannte und entspannte ihre Muskeln. Immer wieder geriet sie nahe an den Orgasmus. Dann pausierte sie, streichelte andere Stellen, leckte ihre Finger ab und ließ den Druck abebben. Nach einer Weile erst fuhr sie fort. Sie wußte, wie oft sie es verzögern durfte – wenn sie es übertrieb, würde der Orgasmus nicht mehr so gut werden. Also ließ sie es nach einiger Zeit geschehen. Als sie spürte, daß sie kam, konzentrierte sie sich auf das Shirt, dessen Duft unter ihrer Nase stand. Es kam wie ein Erdbeben. Es rüttelte sie kräftig, ihre Hand immer noch zwischen den Beinen, wo sie die Finger kaum noch bewegte. Ihr Kopf war zurückgeworfen, ihr Kreuz durchgedrückt, ihre Füße hatten sich von der Matratze gehoben. Ihr Mund war geöffnet, und sie spürte den Geschmack ihrer Haut auf der Zunge. Sie hatte das dringende Bedürfnis, sich an Carlottas Mund festzusaugen. Sie schmeckte so gut, überall, aber besonders ihr Mund. Diesem Orgasmus fehlte etwas. Trotzdem war er wundervoll.

Als die Nachbeben vorbei waren und sie entspannt, wenn auch etwas verdreht im Bett lag, fragte sie sich, ob sie es je wieder selbst würde machen können, ohne an Carlotta zu denken. Früher hatte sie sich sehr gut mit sich selbst amüsiert, ohne den Gedanken an eine bestimmte Frau. Vielleicht war es nur das Shirt, das noch immer um sie gewickelt war.

Sie zog es mit der linken Hand weg. Sie wollte nicht, daß der Geruch ihrer Sexualität, der über dem Bett hing, an das Shirt geriet. Carlotta war nicht blöd und wußte, daß sie schon von ihrem Geruch angemacht wurde. Sie würde es bemerken und sich ihren Teil denken. Das war ihr nicht recht. Es war zu privat. Carlotta sollte nicht wissen, wie weit es mit ihr schon gekommen war. Sie trieb es mit Carlottas Shirt!

Später zog sie das Shirt über ihr Kopfkissen. Aber dann nahm sie es wieder fort, denn sie fürchtete, Mascaraspuren darauf zu hinterlassen. Sie faltete es zusammen und legte es neben ihr Kopfkissen. Sie schlief wunderbar.

Carolina Brauckmann

Lollo Rosso

Als Rudolpha neulich im Laden vorbeischaute, wußte ich gleich, es ist passiert. Sie hatte diesen gewissen Blick und war unverschämt gut gelaunt. Sie kaufte, was sie sonst nie tat, drei Köpfe Lollo Rosso, geräucherten Lachs, mehrere Pfund festkochender Kartoffeln, zwei Flaschen Chablis und Pinienkerne. Ich fragte beiläufig, ob es etwas zu feiern gäbe, worauf sie mir geheimnisvoll mitteilte, ich möge mir den Abend freihalten, sie hätte mir etwas zu erzählen. Als ob es ihr nicht auf der Stirn geschrieben stünde! Sie hatte vermutlich die erste Nacht ihres Lebens mit einer Frau verbracht und war nun verliebt und lesbisch. Natürlich ließ ich mir nichts anmerken. Ich wollte ihr die Freude nicht nehmen und war immerhin lange genug mit ihr befreundet, um zu wissen, daß sie kaum etwas mehr liebte als die Enthüllung kleiner Sensationen.

So saßen wir abends in ihrer Küche, und sie erzählte mir ohne Umschweife: „Stell dir vor, ich habe die erste Nacht meines Lebens mit einer Frau verbracht und bin nun verliebt und lesbisch."

Irgendwie beneidete ich sie. Da verbringen andere Frauen Jahre ihres Lebens in Selbsterfahrungsgruppen, schreiben Tagebücher oder lesen komplizierte Fachliteratur, um sich selbst auf die Schliche zu kommen, und Rudolpha knackte mal eben zwischen dem einen und anderen Pinienkern ihre wahre Identität. Ich schwieg wohl etwas zu lange.

„Würdest du mir bitte auf der Stelle gratulieren? Immerhin erlebst du soeben das großartige Coming-out deiner geschätzten Freundin!"

Ich gratulierte ihr und sagte brav, ich hätte es ja immer schon gewußt und überhaupt. Dann rechnete ich ihr vor, daß wir nun fünf bekennende Lesben im Viertel seien, vielleicht sogar sechs, wenn die Liebhaberin in der Nachbarschaft wohne und nicht schon zum erlauchten Kreis gehöre.

Diese Bilanz fand Rudolpha ausgesprochen kleinkrämerisch. „Man merkt gleich, daß du einen Laden hast. Im übrigen“, fügte sie effektvoll hinzu, „kennst du sie.“ Ich wollte ihre prächtige Laune nicht dämpfen, was offenbar schon geschehen war, aber dieses lapidare „im übrigen kennst du sie“ ärgerte mich. Was fiel ihr ein, so szenekennerisch aufzutrumpfen? In Sekundenschnelle ging ich alle mir bekannten Lesben im näheren Umfeld durch, berücksichtigte aktuelle Trennungsphasen langjähriger Paare, verbuchte Neuzugänge und Singles und verkniff mir mit letzter Kraft die alles überragende Frage: Wer ist sie?

Ich muß zugeben, daß mir Rudolphas Freistil Mühe bereitete. Als Expertin fühlte ich mich völlig übergangen. Sie könnte mich doch fragen nach meiner Geschichte, nach ähnlichen oder auch ganz anderen Schicksalen, die wir wie einen Schatz pflegen und von denen wir immer wieder gern erzählen! Sie könnte seufzend durchblicken lassen, daß sie es schon immer geahnt hätte. Aber nein, nichts davon!

Rudolpha schien mit ihrer frisch erworbenen Identität keinerlei Probleme zu haben. Sie schimpfte nicht auf vergangene und gegenwärtige heterosexuelle Lebenszusammenhänge, auf ihre eigenen schon gar nicht, und sie fand Lesbischsein nichts Besonderes. Diskriminiert werde sie als Frau sowieso, als Lesbe könne es nur besser werden, und das Coming-out betrachte sie als eine Art Geburtstagsfeier. Ich wurde zuversichtlich. Obwohl selbst nicht besonders spirituell veranlagt, wies ich behutsam darauf hin, daß es sich bei einer Geburt sehr wohl um etwas Besonderes handele. Es sei eine absolut einmalige Angelegenheit.

„Liege ich hier in den Windeln oder was? Willst du eine Lebensversicherung für mich abschließen? Ich feiere Jahr für Jahr Geburtstag, und jede Fete ist anders!" Rudolpha wurde richtig wütend, zu Recht wahrscheinlich. Sie war verliebt, und ich wandelte mich im Laufe des Abends immer mehr zur beleidigten Leberwurst und fand aus dieser Rolle gar nicht mehr heraus.

„Du hast noch nie Lollo Rosso gekauft!"

Sie überging diese Bemerkung und entkorkte die zweite Flasche Chablis. Dafür liebte ich sie. Sie konnte streiten, zornig werden, kontern wie eine ausgefuchste Zockerin, aber sie machte niemals die Schotten dicht. Es fiel ihr nicht schwer, auf den Tisch zu hauen und ihre liebsten Leute rauszuschmeißen. Sie durften im nächsten Moment wieder hereinkommen.

Inzwischen war es fast Mitternacht geworden. Ich fragte mich, warum der neue Stern nicht auftauchte oder wenigstens anrief. Auch hätte ich gern verliebten Schilderungen gelauscht und mich delikaten Ratespielen hingegeben, doch auf dieses Niveau ließ sich Rudolpha nicht herab. Das schmeichelte mir einerseits, war es doch ein Zeichen unserer bemerkenswerten Freundinnenschaft, daß dieser Abend nur uns beiden gehörte. Andererseits blieb meine Neugierde höchst unbefriedigt, was ich aber nicht zugeben wollte. Ich beschloß, den Dingen eine andere Wendung zu geben. So erhob ich mich feierlich vom Küchenstuhl und begann eine kleine Rede: „Meine liebste Rudolpha! Herzlichen Glückwunsch! Willkommen in unseren Kreisen. Dein Glück ist auch mein Glück (an dieser Stelle kicherte R. etwas). Das Coming-out ist, auch wenn du es nicht so sehen willst, ein wunderbarer Neubeginn. Wir häuten uns sozusagen (Verena Stefan – wer hatte sie nicht gelesen!). Die alten Geschichten fallen ab. Wir vergessen sie zwar nicht, aber sie sind nun Teil unserer Vergangenheit. Jetzt erhält die Zukunft ihre Chance. Gleichgültig, welche Begegnungen dir zu dieser späten Geburt verholfen haben (bei diesen Worten schaute ich ihr forschend in die Augen, derweil sie mir ans Schienbein trat) und egal auch, ob du nächstes Jahr wieder eine andere Fete feiern wirst – du hast dich heute als Lesbe geoutet, und wir werden dich beim Wort nehmen. Prost!"

Danach setzte ich mich und war gerührt.

Nun stand Rudolpha auf, sie schien mir nicht im mindesten gerührt, und stellte fest: „Liebste Freundin. Ich danke dir für diesen Zuspruch, wobei es allerdings klar sein dürfte, daß von outen keine Rede sein kann ... (sie war wirklich gut informiert!). Mein bezauberndes Coming-out gehört ganz allein mir. Ich kann es jederzeit zurückpfeifen, umgestalten, vielleicht auch ignorieren. Ich halte meine Schicksalsfäden eigenwillig in der Hand, auch wenn ich weiß, daß ich damit einem weitverbreiteten Trugschluß aufsitze. Die Regisseurin dieser kleinen Inszenierung bin ich, und eben schwanke ich noch, für welches Genre ich mich entscheiden soll: Tendenztheater oder Seifenoper? Die lesbische Gegenwartskultur könnte letzteres sicherlich gut gebrauchen."

Ich war sprachlos. Da stand meine Busenfreundin volkstribuninnengleich in ihrer nächtlichen Küche und inszenierte den klassischen Wendepunkt im Leben einer jeden bewußten Lesbe als Rollenspiel, als munteres Einpersonenstück! Anmaßend fand ich sie. Unerhört borniert und überzogen, doch ich war offensichtlich nur als andächtig lauschendes Publikum vorgesehen, denn sobald ich räuspernd zum Widerspruch ansetzte, warf mir die Heldin blitzende Blicke zu: Ruhe da unten.

Die Pose, keine Frage, stand ihr ausgezeichnet. Sie hatte Format. Die Handlungsebene kam zwar etwas zu kurz, doch den Spannungsbogen meisterte sie trefflich. „Hörst du mir überhaupt noch zu?" Rudolpha schwebte unversehens in die Niederungen herab und gab mir einen Kuß. Das war jetzt wohl das Ende der Vorstellung. Wenn das Publikum hinwegzudämmern droht, müssen sich die Akteurinnen etwas Neues einfallen lassen. Der Kuß war so neu nicht. Aber er schmeckte gut und anders als sonst. Ich starrte beunruhigt auf den Kühlschrank und versetzte ihr nach einigen endlosen Sekunden einen freundschaftlichen Klaps. „Schön hast du das hingekriegt, Rudolpha! Ich bin genauso schlau wie zuvor, aber ich werde mich hüten, dir noch weitere tiefschürfende Weisheiten zu unterbreiten. Wenn ich vielleicht noch einen Kuß bekommen könnte?"

Endlich wurde ich wieder handlungsfähig. Das würde sich noch herausstellen, wer von uns beiden wen an der Nase herumführte. Den Kuß schenkte sie mir umgehend. Nicht auf die Stirn, nicht auf die Wange, sondern bar jeder freundinnenhaften Attitüde drückte sie ihn weich und heftig und sinnlich mitten auf meinen Mund und ließ ihn dort eine köstliche Ewigkeit verweilen.

Mir war die Situation völlig entglitten, und weil ich auf keinen Fall das Falsche sagen wollte, brachte ich ein knappes „Baby, welches Stück spielen wir gerade?" über die Lippen. Ein Spruch, für den mich jede gestandene Lesbe in die heterosexuelle Wüste geschickt hätte.

Sie sagte nichts und holte statt dessen den geräucherten Lachs aus dem Kühlfach. Im Handumdrehen bereitete sie eine Vinaigrette zu. Einfache Küchenhandlungen waren schon immer gut geeignet, spannungsreiche Situationen liebevoll aufzufangen. Man darf geschäftig herumwuseln und dabei kräftig durchatmen. Durchschaut, meine Liebe!

„Landest du immer so originelle Sprüche bei den Frauen?" Rudolpha zupfte Salatblätter, als wäre nichts geschehen. Sie war eindeutig die Talentiertere von uns beiden. „Hör zu", forderte sie mich auf und drückte ein Meerrettichhäubchen zwischen Salat und Lachs. „Ich habe vergangene Nacht mit dir geschlafen. Es war wunderbar, einzigartig, hinreißend; ein Traum zwar nur, doch als ich des Morgens aufwachte, war ich verliebt."

„Ich bitte dich, Rudolpha! Diese Story übertrifft noch die billigste Seifenoper. Keine Lesbe weit und breit würde sich so eine

Schmonzette einfallen lassen. Ein Coming-out ist etwas Ernstes, und du mußt dir eine Geschichte ausdenken, die auf jeden Fall bis in die früheste Kindheit zurückreicht und ein Leben lang vorhält."

Sie reichte mir das Salzfäßchen, weil sie weiß, daß ich immer nachsalze, und ich brauchte nicht zu fragen, wo die Espressotassen stehen. Wir redeten uns um Kopf und Kragen und hatten alle künftigen Beziehungsstadien bereits mühelos überwunden. Ich wollte einen dritten Kuß. Mindestens. Und den Rest der Nacht dazu. Am nächsten Tag könnte sie mir dann ihre Liebste vorführen. Das Geheimnis wäre, so versprach ich augenzwinkernd, wohlbehütet bei mir.

Rudolpha widersprach nicht direkt, aber natürlich hatte sie, wie so oft, eine bessere Idee. Sie beugte sich vor und fuhr mir begehrlich mit ihren Fingern über die Lippen. „Komm, Süße! Ich stelle sie dir jetzt gleich vor."

Manuela Kuck

Maskenball

Carla schaute irritiert auf die Uhr, als es klingelte. Es war sieben Uhr abends, ihr Haar war noch feucht vom Duschen, und sie war lediglich mit einer Schachtel Pralinen vor dem Fernseher verabredet. Es klingelte ein zweites Mal, und gleichzeitig klopfte es energisch. Carla öffnete die Tür einen Spaltbreit und blickte direkt in das amüsierte Schmunzeln einer Frau in ihrem Alter.

„Hallo", sagte die Frau. „Ich bin's – Annegret. Läßt du eine ehemalige Kommilitonin rein?"

Carla schüttelte verdutzt den Kopf und dachte angestrengt nach. Annegret? Wer um Himmels willen war Annegret?

Die Frau stellte eine kleine Reisetasche ab und lächelte noch breiter. „Das letzte Mal sind wir uns vor ungefähr zehn Jahren auf einer Feier begegnet. Du warst gerade frisch geschieden, ich hatte meine neue Freundin dabei. Wir fanden leider keine Gelegenheit, uns ausführlicher zu unterhalten ..."

Carla schlug sich an die Stirn und riß die Tür auf. „Natürlich – Annegret. Du hattest auch Philosophie im Nebenfach, stimmt's?"

Annegret nickte. „Das ist fast zwanzig Jahre her."

Ein paar Minuten später saßen sie im Wohnzimmer auf der bequemen Couch und tranken Tee. Nach dem ersten lebhaften Geplänkel herrschte auf einmal eine kaum merkliche Befangenheit. Carlas Erinnerungen stiegen nach und nach aus den hintersten Winkeln ihres Bewußtseins hoch, begleitet von einer merkwürdigen Schwere. Annegret war immer die Powerfrau gewesen, eine laute, fröhliche Persönlichkeit, die aus ihrer Liebe zu Frauen nie einen Hehl gemacht hatte und immer zu wissen schien, wo es langging. Sie hatte Wirtschaft studiert und ein bißchen Kunst und Philosophie und meist hervorragende Noten gehabt. Carla spürte plötzlich, wie sie von einer altbekannten Bitterkeit erfaßt wurde. Sie hatte Annegret immer ein wenig beneidet – sie war begabt, hatte Charme und kam aus einem toleranten Elternhaus. Wahrscheinlich hatte sie Karriere gemacht und lebte mit einer ebenso tollen und erfolgreichen Frau zusammen. Sie fuhren dreimal im Jahr in den Urlaub und gingen abends Hand in Hand im Park spazieren. Begleitet von ihrem preisgekrönten Golden Retriever.

Carlas Augen glitten verstohlen über Annegrets Gesicht und ihren Oberkörper. Na, immerhin, auch ihr sah man an, daß sie die Vierzig überschritten hatte und Konfektionsgröße 38 ein längst vergangener Traum war. Die kurzen dunkelbraunen Haare waren eindeutig getönt, und das Make-up war um diese Uhrzeit auch nicht mehr ganz frisch.

„Du lebst also immer noch in Stuttgart“, nahm Carla den Gesprächsfaden wieder auf, als sie irritiert feststellte, daß sie beide schon seit einer ganzen Weile kein Wort mehr gesagt hatten.

Annegret nickte. „Silvia und ich haben unsere eigene Maklerfirma.“

„Hört sich gut an.“

„Na ja, es ist nicht ganz einfach, sich in dieser Branche zu halten. Aber wir geben uns alle Mühe.“

Carla lächelte. „Davon bin ich überzeugt.“ Natürlich – Karriere. Etwas anderes war auch nicht zu erwarten gewesen.

„Und was machst du?“ fragte Annegret.

Carla fuhr sich kurz mit der Zunge über die Lippen. „Nichts Aufregendes. Ich arbeite als Bibliothekarin.“

„Wolltest du nicht Journalistin werden?“

„Ich wollte so einiges.“

Carla bereute ihren schroffen Ton sofort, doch Annegret lächelte ironisch und schlug die Beine übereinander. „Erinnerst du dich noch an unsere nächtelangen Diskussionen über den Sinn und Wert der Arbeit? Über Männer und Frauen, Sexismus und Gleichberechtigung, Religion und Drogen?"

Carla atmete tief aus. „Ja, ich erinnere mich. Es war eine ziemlich wilde Zeit."

„Es war eine schöne Zeit." Annegret stand plötzlich auf und ging zum Fenster hinüber. Sie wirkte wie elektrisiert. Einen Moment schaute sie auf die schnurgeraden Häuserreihen, dann wandte sie sich um und steckte die Hände in die Taschen ihrer schwarzen Jeans. „Wirklich, ich denke gerne daran zurück. Was hast du eigentlich nach deiner Scheidung gemacht? Es endlich mal mit einer Frau versucht?"

Carla stand ebenfalls auf. Sie ging zum Wohnzimmerschrank und holte eine Flasche Sherry aus dem Barfach. Annegret war immer noch so direkt und unverblümt wie damals, doch warum auch nicht? Wenn man sich nur alle zehn, zwanzig Jahre traf, konnte man im Grunde völlig gefahrlos alles erzählen, was einem auf der Seele lag oder ungeniert in Träumen schwelgen und sie als Wahrheit ausgeben. Es hatte keine Konsequenzen. Sie hob die Flasche und blickte Annegret fragend an. Die nickte und setzte sich wieder zu ihr. Carla schenkte ein, und sie prosteten sich zu.

„Ja, denk dir, ich hab's auch mal mit 'ner Frau versucht. Es war nicht gerade berauschend, eher noch eine Spur komplizierter als mit Männern – Frauen nehmen alles so unglaublich persönlich."

Einen Moment weidete sich Carla an Annegrets verblüfftem Gesichtsausdruck, dann setzte sie wieder eine ernste Miene auf. „Darum habe ich jetzt endgültig beschlossen, allein zu bleiben. Da weiß ich wenigstens, woran ich bin."

Annegret griff nach der Flasche und schenkte nach. „Mein

Weg wäre das nicht. Ich bin einfach nicht gern allein. Außerdem brauche ich meine Streicheleinheiten. Aber zu dir paßt es irgendwie. Du warst schon immer so unabhängig."

Unabhängig? Carla trank den zweiten Sherry. Hörte sich gut an. Plötzlich fiel ihr ein, daß sie immer noch nicht wußte, warum Annegret so unerwartet vor der Tür gestanden hatte.

„Was treibt dich eigentlich nach Berlin?"

Annegret grinste. „Ein Maskenball. Die Frau meines Bruders veranstaltet alle paar Jahre ein rauschendes Kostümfest. Morgen ist es wieder soweit. Silvia konnte leider nicht mitkommen, aber ich werde mich ganz bestimmt auch ohne sie amüsieren."

Carla schüttelte den Kopf. Ein Maskenball?

„Es ist immer sehr lustig", erläuterte Annegret. „Jeder Gast muß sich so verkleiden, daß er von niemandem erkannt wird, und darf sein Kostüm vorher natürlich keinem verraten. Um Punkt zwei Uhr nachts lassen alle die Masken fallen – da gibt es dann immer einige Überraschungen. Vor drei, vier Jahren bin ich als Napoleon gegangen, und die Frauen haben mir zu Füßen gelegen." Sie lachte.

Carla schraubte die Flasche ein drittes Mal auf. Der Alkohol stieg ihr allmählich zu Kopf. „Und weil du sowieso hier warst, bist du auf die Idee gekommen, mich zu besuchen? Einfach so?"

Annegret nickte. „Ja, einfach so."

Die Bettwäsche duftete nach Lavendel. Annegret schloß die Augen. Es war nett von Carla gewesen, ihr das Gästezimmer zur Verfügung zu stellen. Der Sherry hatte sie müde und melancholisch gemacht. Sie kuschelte sich in die Decke. Außerdem war sie nicht gern allein. Carla war immer noch genauso spröde wie damals. Und genauso selbstsicher und beherrscht. Traurige Augen hatte sie bekommen und einen sehr runden Po, aber Annegret war überzeugt, daß ihre eigenen Augen weitaus trauriger waren und ihr Po noch bedeutend üppiger.

Sie hatte vergessen, Silvia anzurufen. Es würde ihr vermutlich nicht einmal auffallen. Annegret drehte sich auf die andere Seite. Streicheleinheiten? Ha! Sie konnte sich an die letzten nicht einmal mehr erinnern. Die Steuererklärung, dachte sie unvermittelt. Sie liegt noch auf meinem Schreibtisch. Wieder so ein Monat, in dem sie ihre Zahlungsverpflichtungen mühsam vor sich her schoben und jeder Fälligkeitstermin Unruhe auslöste. Schwierige Branche? Seit einem Jahr fuhren sie nur noch Verluste ein. In jeder Beziehung. Annegret boxte das Kopfkissen zurecht und biß die Zähne aufeinander. Abschalten, dachte sie, ich wollte doch abschalten.

Sie richtete ihre Gedanken auf den nächsten Abend. Es war sicherlich nicht die schlechteste Idee gewesen, Carla zu überreden, mit auf den Maskenball zu gehen. Ich werde mich amüsieren, dachte sie, einfach nur amüsieren – lachen, trinken, tanzen, flirten. Vielleicht eine schöne Frau verführen. Annegret kicherte. Und um zwei Uhr, wenn die Masken fallen, wird sie mich mit großen Augen ansehen und jeden Kuß wie ein Mal auf ihrem Mund spüren.

Carla schaute auf die Uhr. Es war bereits zwanzig nach zwei. Sie trommelte mit den Fingern auf das Lenkrad, bis ihr das Geräusch auf die Nerven ging. Annegret war schon immer unpünktlich gewesen. Carla öffnete das Seitenfenster und starrte angestrengt den Gehweg hinauf. Keine Spur von Annegret. Sie waren um zwei Uhr vor dem Kostümverleih verabredet gewesen, den Dirk, ein alter Freund von Annegret, betrieb. Sie hatte morgens mit ihm telefoniert, und er war damit einverstanden gewesen, daß sie sich bei ihm umschauten, obwohl der Laden am Samstag geschlossen hatte. Annegret wollte nach dem Mittagessen bei ihren Eltern die Schlüssel von ihm holen.

„Da können wir uns nach Herzenslust ausstaffieren“, hatte Annegret am Vorabend geschwärmt. Carla war aufgefallen, daß ihre Augen plötzlich ganz lebendig gewesen waren. Wahrscheinlich der Sherry.

„Aber ich denke, niemand soll das Kostüm der anderen vorher kennen?"

„Stimmt – also mach' ich die Augen zu, wenn du dich für eine Verkleidung entschieden hast, okay?" Annegret hatte spitzbübisch gegrinst und ihr zugezwinkert.

Feiner Nieselregen hing auf einmal wie ein schmutziges Tuch in der Luft. Carla wollte gerade das Fenster hochkurbeln und den Motor anlassen, als Annegret sich zu ihr hinabbeugte, die Kapuze ihres Mantels tief in die Stirn gezogen.

„Tut mir leid, meine Eltern haben ein Drei-Gänge-Menü aufgetischt, und ich konnte mich einfach nicht eher loseisen. Und dann mußte ich bei Dirk noch einen Kaffee trinken und ihm fünfmal hoch und heilig versprechen, daß wir alles ordnungsgemäß hinterlassen und ihm die Kostüme morgen zurückbringen. Wartest du schon lange?"

Carla nickte mit zusammengekniffenen Lippen, aber ihr Groll verflog erstaunlich schnell. Als sie ausstieg und mit Annegret auf den Laden zuging, waren ihre Schritte leicht und beschwingt. Kurz darauf betraten sie einen großen dunklen Raum im zweiten Stock, in dem es muffig roch und in dem Meter um Meter nichts anderes zu sehen war als säuberlich auf Stangen und an Haken aufgehängte Kostüme aus allen Epochen, Spiegel und hohe Wandschränke, in denen sich alle möglichen Accessoires befanden: Schuhe, Hüte, Schärpen, Schmuck, Gürtel, Tücher … Es war still. Nur die Dielen knarrten. Annegret schaltete eine schummrige Deckenbeleuchtung ein und wies mit ausgestreckten Händen in die Runde.

„Na, habe ich zuviel versprochen? Das ist eine wahre Schatzkammer, nicht wahr?" Sie zog ihren Mantel aus und lächelte. Plötzlich wirkte sie sehr jung.

Carla nickte und schaute sich staunend um. Die Atmosphäre

in diesem halbdunklen Raum war fremdartig. Als hätte sie eine Bühne betreten, auf der Platz war für alles: für Spiel und Traum. Verwandlung, Lüge und Wahrheit. Sie schüttelte den Kopf, aber die eindringliche Stimmung blieb. Ihr Herz klopfte laut.

„Womit fangen wir an – historische Figuren, Phantasiegestalten oder Gegenwart?“ fragte Annegret und begann die Reihe der Kostüme abzugehen. Ihre Absätze klapperten.

„Ich weiß nicht“, gab Carla zurück. „Mach einen Vorschlag.“

Annegret blieb stehen, warf den Kopf zurück und lachte. Ihr Make-up war frisch. Sie sah nicht so aus, als hätte der Sherry ihr eine unruhige Nacht oder morgendliche Kopfschmerzen bereitet. „Gut. Wie wäre es mit Robin Hood und Heinrich dem Achten? Oder lieber Commander Kirk? Tarzan und Jane? Zieh dich aus und schlüpf in eine neue Haut. Du wirst schon merken, welche dir am besten paßt.“

Carla starrte Annegret einen Moment unschlüssig an, dann drehte sie sich um und suchte nach einer Ablagemöglichkeit für ihre Sachen. Wenige Minuten später standen sie beide in ihrer Unterwäsche voreinander. Annegret trug einen schwarzen Body, Carla blaue Baumwollunterwäsche. Praktisch, aber erotisch wie ein Stück Kernseife. Sie fing an zu kichern, als ihr dieser Gedanke durch den Kopf schoß. Annegret blickte irritiert an sich herab und zog unwillkürlich den Bauch ein.

„Ich weiß, er ist ein bißchen eng, aber ...“

Carla legte ihr die Hand auf den Arm. „Ich lache doch nicht über dich! Du siehst phantastisch aus in dem Body. Meine Baumwollwäsche erscheint mir auf einmal ziemlich ... bieder.“

„Bieder? Ach nein, eher ... vertrauenerweckend.“

Sie blickten sich einen Moment schweigend an und prusteten dann gleichzeitig los. Annegrets dunkle Augen sprühten vor Übermut. Carla spürte, wie ihr heiß wurde.

„Na schön“, sagte Annegret schließlich, drehte sich um und griff nach den ersten Kostümen. „Jetzt geht es aber los.“

Eine ganze Weile waren sie damit beschäftigt, sich an- und auszuziehen, die entsprechenden Utensilien hervorzukramen und vor den Spiegeln herumzustolzieren. Sie amüsierten sich köstlich.

„Hast du Lust auf ein Spiel?“ fragte Annegret auf einmal unvermittelt.

Carla zog sich eine Perücke vom Kopf und blickte auf. „Ein Spiel?“

„Das Wahrheitsspiel.“ Annegret lächelte. „Immer wenn du in ein Kostüm geschlüpft bist, mußt du mir meine Fragen über dich wahrheitsgemäß beantworten. Und ich dir deine. Wenn wir nicht ehrlich antworten können oder möchten, ziehen wir das Kostüm wieder aus und die andere ist dran.“

Eine steile Falte erschien über Carlas Nasenrücken. Was für ein merkwürdiges Spiel. Andererseits – es schien genau hierherzupassen, und höchstwahrscheinlich würde sie Annegret nie wiedersehen. Sie zuckte betont lässig die Achseln. „Warum nicht? Wer fängt an?“

„Du.“

Carla nickte. Sie legte den Zeigefinger an die Lippen und überlegte einen Moment. „Alle Fragen sind erlaubt?“

„Alle Fragen.“

„Wann warst du das letzte Mal im Fitneßstudio?“

Annegret warf den Kopf zurück und lachte schallend los. „Keine Ahnung. Aber sechs Monate ist es sicherlich her. Mein Mitgliedsausweis hängt an der Pinnwand in der Küche.“

Sie sieht richtig vergnügt aus, und das grüne Robin-Hood-Kostüm steht ihr sehr gut, dachte Carla zu ihrer eigenen Überraschung. Annegret wirkte so lässig und attraktiv wie damals. Nichts schien sie erschüttern zu können.

„Hast du damals mit unserer Philosophiedozentin geschlafen?“

Annegret stutzte einen Moment.

„Sie hieß Margot“, half Carla nach und war über ihr gutes Namensgedächtnis selbst verwundert. Margot war eine beeindrukkende Frau gewesen. Dunkler Typ, laute Stimme, provozierend in ihrer ganzen Art.

„Richtig", bestätigte Annegret und setzte sich auf einen Hocker. „Klasse Frau – ja, ich habe mit ihr geschlafen, und es war toll."

Carla errötete leicht. Wie kam sie dazu, solche Fragen zu stellen? Das war ja wirklich albern. Annegret lächelte sie herausfordernd an. „Ich bin gespannt, wie es weitergeht."

Einen Augenblick lang war nur zu hören, wie der Nieselregen über die Fensterscheiben wischte. Carla biß die Zähne zusammen und schluckte energisch, als sie spürte, wie ein tiefsitzender Groll in ihr aufstieg. Nicht jetzt.

„Du bist glücklich, stark und erfolgreich. Wann hattest du deine letzte Niederlage?"

Annegret senkte den Kopf, um zu verhindern, daß Carla ihr Erschrecken bemerkte. Als sie wieder hochblickte, zuckte ihr rechtes Augenlid, und sie bemühte sich um ein kleines Lächeln. Sie nahm den Hut vom Kopf und streifte langsam das grüne Gewand ab.

„1:0 für dich", sagte sie leise. „Nun bin ich dran."

Carla setzte ihre Perücke wieder auf und schlüpfte unter einen tiefblauen Umhang. Ihre Bewegungen waren ruhig und fließend, und Carla hoffte, daß sie ihre Beklommenheit überspielten.

„Warum ist deine Ehe in die Brüche gegangen?"

„Aus Langeweile", antwortete Carla, ohne zu zögern. „Pure Langeweile."

„War das alles?"

Carla verzog den Mund zu einem verkniffenen Lächeln. „Nein. Er hatte keine Lust mehr, mit mir zu schlafen, sondern zog eine Kollegin vor."

Annegret öffnete den Mund, als wolle sie gleich die nächste Frage hinterherschicken, doch dann schloß sie ihn wieder und überlegte einen Moment. Ihr Mund war weich. Carla verschränkte die Hände ineinander, um das leise Zittern ihrer Fingerspitzen zu verbergen.

„Wann hast du deine letzte romantische Liebesnacht erlebt?"

Carla schwieg. Einen Moment überlegte sie, einfach aufzustehen und diesen Ort zu verlassen. Das Spiel zu beenden. Wortlos. Grußlos. Sie mußte sich nicht rechtfertigen, vor niemandem. Aber es gab noch ein paar Fragen, die sie Annegret gern gestellt hätte.

„Keine Ahnung", antwortete sie mit gepreßter Stimme und hob entschlossen den Kopf. „Es ist zu lange her."

Annegret lächelte anzüglich. „Machst du es dir häufig selbst?"

Carla riß sich mit einer heftigen Bewegung die Perücke vom Kopf. „Das reicht! Ich bin wieder dran." Ihre Augen blitzten auf.

Annegret nickte, als hätte sie nach dieser Frage nichts anderes erwartet. Einen Moment lang fing Carla ihren Blick auf, und sie wußte plötzlich nicht, ob das, was sie jetzt spürte, ihr eigener wehmutsvoller Schmerz war oder Annegrets. War es überhaupt Schmerz? Annegret lächelte sie an und war wieder Robin Hood. „Worauf wartest du?"

Carla ließ den Umhang achtlos fallen. Der Stoff raschelte wie Herbstlaub, das von einem plötzlichen Windstoß erfaßt und übermütig hochgewirbelt wird. Eine Gänsehaut überzog ihren Körper. Sie blickte Annegret direkt in die Augen. „Bist du glücklich?"

Robin Hood erhob sich langsam und baute sich dicht vor Carla auf. Das grüne Kostüm glitt zu Boden. Ihr Parfüm schwebte langsam zur Decke. Annegret trug jetzt nur noch den kecken Hut mit der wippenden Feder und ihren Body. Sie lächelte vage und streckte die Hände aus, um Carlas Gesicht zu berühren. „Du warst noch nie mit einer Frau zusammen, stimmt's?"

Carla schaute sie stumm an. Ihr Herz klopfte wild. Der Umhang lag immer noch zu ihren Füßen, und sie machte keine Anstalten, ihn aufzuheben. „Und du bist mit einer Frau zusammen, aber es geht dir auch nicht besser als mir, nicht wahr?"

Annegret nickte langsam, nahm den Hut vom Kopf und drehte ihn in den Händen. „Laß uns dieses Spiel beenden."

Carla betrachtete gespannt den Hut und die wippende Feder. „Und ein neues beginnen?"

Annegret folgte ihrem Blick, und Carlas Mund wurde trocken, als Annegret die Feder von der Hutschnur löste, einen Moment nachdenklich betrachtete und Carla dann mit hochgezogenen Brauen anschaute.

„Ja", sagte sie dann, und ihr Lächeln war warm und verheißungsvoll. Ihre Augen verdunkelten sich. Sie hob die Feder und strich damit sanft über Carlas Kinn. Ihre Wangen. Ihre Stirn. Ihre Schultern. Die Berührung floß Carla den Rücken hinab. Sie öffnete den Mund, und die Spitze der Feder fuhr spielerisch über ihre Unterlippe. Carla wollte schlucken, aber ihr Gaumen war trocken. Sie schloß die Augen und legte den Kopf in den Nacken, als die Feder an ihrem Hals entlangfuhr. Annegret nahm die Feder zwischen die Lippen und zog Carla das Hemd aus. Die Feder strich zwischen ihren Brüsten entlang, dann über ihre Brustwarzen. Carla öffnete die Augen und sah, daß Annegret die Feder immer noch im Mund hatte. Ihre Zähne blitzten auf, als sie lächelte. Sie schaute auf Carlas Höschen. Carla zog es aus und setzte sich auf den blauen Umhang. Annegret kniete sich vor sie und ließ die Spitze der Feder quälend langsam um ihren Bauchnabel kreisen. Carla spürte den kühlen Stoff des Umhangs in ihrem Rücken, als sie sich hinlegte. Sie hörte, daß der Regen zugenommen hatte und stürmisch gegen die Scheiben trommelte. Traum und Verwandlung, dachte sie und flüsterte etwas, aber sie wußte nicht, was. Annegret konnte nicht antworten. Carla griff in Annegrets Haarschopf, und als die Hitze in ihrem Schoß unerträglich wurde, schrie sie lustvoll auf.

Die Masken waren gefallen.

Diane Carley

Hitze

Die Wärme des Abends hing an mir wie schaler Zigarettenrauch der letzten Nacht. Beim Betreten des vertrauten Eingangs fegte die kühle Dunkelheit die Hitze davon wie ein Ventilator, der Staub über den leeren Boden bläst. Das gleichmäßige Hämmern der Musik wehte mir zur Begrüßung entgegen, während ich auf das einsame Licht zuging, das über dem Spiegel hing und mein Herannahen beleuchtete.

Gegen die Bar gelehnt bestellte ich Soda-Lime. Es schmeckte farblos und streng und brannte wohltuend scharf. Die Hitze, die meine Haut aufgenommen hatte, kam als vielschichtiger Schweißduft wieder an die Oberfläche.

Ich fuhr mir mit dem Handrücken über die Stirn, einen Fuß auf die Sprosse meines Stuhls gestützt, und schaute in die mich umgebende Dunkelheit. Während die Schattenwindungen langsam zu Frauen wurden, fühlte ich die Last der Stadt von meinen Schultern gleiten wie Regen von einem schrägen Dach.

Ich lehnte mich mit dem Rücken an die Bar, während die Musik stampfte, während der Geschmack von Sex um meine Lippen spielte und meine schläfrigen Sinne erwachten. Ich trank den Rest des Drinks, kostete den Duft süßer Gefahr aus, der diesen sicheren Ort durchdrang, drehte mich zum Spiegel um und bestellte mir noch etwas zu trinken.

„Möchtest du tanzen?“ fragte eine Stimme hinter mir.

Ich sah den überraschten Ausdruck auf meinem Gesicht, spürte den Raum zwischen uns gegen meinen Rücken stoßen. Einen Augenblick lang stand ich still, genoß diese subtile Andeutung.

Dann drehte ich mich um und lächelte.

„Klar“, sagte ich.

Wir gingen auf die verschlungenen Körper zu, die im Takt gegeneinander stießen. Sie begann, sich langsam zu der Musik zu bewegen. Ich fiel in den Rhythmus ihrer Bewegungen, und wir hielten unseren Blicken stand, während unsere Körper auf dem Rhythmus des Liedes dahinglitten.

Ihre Bewegungen schickten Federstriche des Verlangens wie Hiebe durch meine Eingeweide. Ich konterte mit meinen eigenen und lächelte, als ich sah, daß sie trafen. Angriff und Parade, ein Tanz, ein Schattenboxen, während die Musik um uns herum wirbelte und die Leidenschaft in unseren Augen aufflammte.

Die Musik wechselte und unser Tanz ebenso. All das, was wir uns zugespielt hatten, kam in dem stillen Raum zwischen uns zur Ruhe, wurde Teil der Umarmung, in die wir uns begaben. Ich legte meine Arme um ihren Hals und ließ die Hände über ihre Schultern hängen.

Sie hielt mich auf Abstand, ihre Hände eine zärtliche Last auf meinem Kreuz. Ich wollte ihr nah sein; ich mußte den Druck ihrer offenen Hand auf meiner Taille spüren. Doch sie berührte mich kaum, als ich ihr und der unsichtbaren Schnur, die uns verband, folgte, egal wann sie zog, egal welchen Weg sie nahm. Wir bewegten uns miteinander, im Gleichklang über die Tanzfläche.

Sie zog mich an sich, ihre weichen Brüste gegen meine gedrückt, sie schnitten durch das empfindliche Fleisch meines Bauches, hinterließen scharfe Kanten. Als sie zurücktrat, fiel mein Magen durch dieses brüchige Loch. Ich versuchte, ihr näher zu kommen, um die Wunde, die sie gerissen hatte, zu verschließen, doch sie glitt an mir vorbei.

Sie befehligte meinen Körper, ihre Hände berührten kaum meinen Rücken, während ich ihr folgte, die Erleichterung ihrer Berührung suchte. Dann blieb sie stehen. Nur andeutungsweise in den Armen der anderen standen wir da, während um uns herum rasende Bewegungen brandeten. Alle bewegten sich zum Beat der Musik, während ich gefangen in ihrer Ruhe dastand.

„Komm mit mir nach Hause“, sagte sie.

„In Ordnung“, antwortete ich.

Wir gingen zur Tür. Draußen hing die stehende Luft wie ein Hitzeschild vom langsam dunkler werdenden Himmel. Gemeinsam traten wir in die feuchte Schwere des frühen Abends und strebten ihrem Wagen zu. Wir stiegen ein, und sie fuhr los. Windböen bliesen mir das Haar aus dem Gesicht, als wir durch die leeren Straßen fuhren. Ich schaute sie im purpurnen Licht des schwindenden Tages an und spürte, wie eine Hand mein Herz zusammendrückte. Ich wandte mich ab.

Sie fuhr den Wagen in die Einfahrt, stieg aus und lief auf das Haus zu. Ich eilte hinter ihr her. Wir gingen hinein, und sie drehte sich zu mir um. Sie streckte die Hand aus und streichelte mein Gesicht. Ihre Hand glitt von meiner Wange zu meinem Hals, unter meinen Hemdkragen, während ihre andere Hand zu einer zärtlichen Reise meinen Körper hinunter aufbrach und eine Spur erregten Fleisches hinter sich zurückließ.

Dann hielt sie mein Gesicht, und ich spürte ihren warmen Atem, als sich ihre Lippen meinen näherten. Ich schloß die Augen. Sie öffnete den obersten Knopf meines Hemdes, arbeitete sich nach unten, befreite langsam jeden einzelnen von ihnen.

Ihre trockenen, warmen Hände glitten über meinen Rücken, über meine Brüste, während mein Körper sich ihr entgegendrängte. Ihre Finger schwebten über meine Nippel, berührten sie kaum und entfachten doch ein wildes Beben in mir. Es war nicht nur mein Körper, den sie in Erregung versetzte, alles in mir troff bei der leisesten ihrer Berührungen.

Ich fühlte den Schmerz, die Leere, wo immer ihre Hände sich nicht befanden. Ich brachte noch nicht einmal die Kraft auf, sie zu berühren. Meine Hände hingen schlaff an meiner Seite, während ihre über meine Haut flatterten.

Sie streichelte meinen Bauch, dort, wo mein Fleisch aufhörte und meine Jeans anfingen. Sie öffnete den Knopf und zog den Reißverschluß herunter. Ich fühlte die Hitze ihrer Hände, als sie über den Stoff fuhren, der meine Haut umfing.

Sie begann, mir die Jeans herunterzuziehen, und küßte und streichelte dabei das neu entblößte Fleisch. Sie nahm das Bündchen meines Höschens zwischen die Zähne, zog es von meinem Bauch weg und ließ es zurückschnappen.

Sie lag vor mir auf den Knien, Zunge und Lippen spielten auf meiner nackten Haut. Sie zog an meinem Höschen, das noch immer meine Möse bedeckte. Ich spürte die kühle Luft über meine schmerzende Nässe streichen. Sie küßte meinen Bauch, meine Beine, fuhr mit der Hand über meinen Körper. Schließlich zog sie mir das Höschen herunter und stand auf, um mir das Hemd von den Schultern zu streifen.

Ich spürte ein Frösteln, als sich mein Schweiß mit der schweren Sommerluft vermischte. Sie stand vor mir, noch vollständig bekleidet. Ich schloß die Augen, um meine eigene Nacktheit zu verbergen, öffnete sie jedoch, als sie sich erneut meinem Gesicht näherte. Sie küßte mich auf die Lippen, trat zurück und begann sich auszuziehen.

Ich beobachtete, wie sie die Hemdknöpfe öffnete, sich dabei langsam streichelte, sinnlich, die Augen geschlossen, den Kopf genüßlich zurückgelegt. Sie schob ihre Hose herunter, langsam, neckte mich mit dem, was sie mir vorenthielt. Verführte mich mit dem, was ich nicht sehen, nicht berühren konnte.

Ich wollte sie anfassen, doch ich wagte es nicht. Nackt kam sie näher und nahm mich in die Arme. Ich zerfloß in dem Gefühl ihrer Haut an meiner, erlag der glühenden Empfindung, die durch meine Adern jagte.

Ich schwankte zwischen dem Verlangen, mich ihrer Berührung vollständig zu unterwerfen und mich fordernd an sie zu pressen. Ich umfing ihr Gesicht und küßte sie. Schiere Intensität umhüllte uns, bis ich sie zurückstieß, um Luft zu holen. Sie nahm meine Hand und führte mich nach oben, zum Bett.

Sie zog mich auf sich. Es war, als hätte ich ihren Körper noch nie zuvor gespürt. Wir begannen, uns zu bewegen. Unsere Körper streichelten einander, setzten alles ein, außer den Händen. Dann liefen Zungen und Hände und Lippen und Finger Amok über Brüste und Bäuche und Rücken und Münder, griffen, leckten, sogen, hielten, bis wir zusammenbrachen, erschöpft und schmerzend, von den Armen der anderen umfangen.

„Also, wie war doch gleich dein Name?“ fragte sie.

„Sehr witzig, Joanne.“

Sie rollte sich auf mich, und ich spürte, wie es wieder begann. Nach fünf gemeinsamen Jahren war die Macht ihrer Verführung größer und stärker als jemals zuvor. Wenn sie mich berührte, war es, als entzünde sie hundert winzige Lichter in meinem Körper, als erschaffe sie ein kompliziertes Muster umfassender Liebe. Jedes Mal war es anders, doch die Farben der Jahre lösten Explosionen aus, die bunter und strahlender waren als das grellweiße Licht frischer Verliebtheit.

Zu Zeiten genügte eine einzige Berührung ihrer Hand, mich kopfüber hinab ins Zentrum meiner Gefühle taumeln zu lassen. Die Reise war nun anders, langsamer, sorgfältiger, berührte Orte, die während der hastigen Leidenschaft der frühen Jahre außer acht gelassen worden waren.

Ich hatte nicht das Verlangen, zu diesem nassen, nachlässigen Höhepunkt des Tanzes in einem unbekannten Feuer zurückzukehren. Ich wollte den Körper, der meinen genau kannte, ganz und gar, der auf mir spielte mit der Einfühlsamkeit und dem Instinkt vollendeten Musizierens. Ich vertraute diesen Händen, ich erlaubte ihr, Melodien aus mir hervorzuholen, wie noch niemand zuvor.

Ich ließ meine Hände ihren salzigen, schlüpfrigen Rücken hinuntergleiten, das Gefühl ihres Körpers auf mir trieb mich über die Grenzen des Begehrens, geradewegs in das rohe, hämmernde Bedürfnis hinein. Es stieg in mir auf wie ein süßer, berauschender Traum, bereit, sich in ihren Armen zu ergießen.

Später lagen wir auf dem Rücken, Seite an Seite. Wir hielten uns bei den Händen, während die kühle Nachtbrise durch das offene Fenster hereinwehte und unsere müden Körper streichelte.

„Wie machst du das, was du mit mir machst, nach all dieser Zeit?“ fragte ich. „Nein, sag's mir nicht, ich will's nicht wissen. Versprich mir nur, daß du niemals damit aufhörst.“

„Ich versprech's“, sagte sie. „Schlaf jetzt. Wir hatten beide einen langen Tag ... und eine lange Nacht.“

Sie küßte mich zärtlich und drehte sich auf ihre Einschlafseite. Ich rollte mich hinter ihr zusammen, hielt sie fest, entschlossen, sie niemals gehen zu lassen. Ich schloß die Augen und spürte die Liebe in ihrer Berührung, die Berührung in ihrer Liebe.

Jenifer Levin

La Bruja

Über die Jahre sah ich sie manchmal. Rote Lippen, ein Hauch von Parfüm, Schweiß auf Pelz. Der Geruch von Marlboros und Remy und Coke. Mit manchmal blitzenden, manchmal sanften Augen bahnte sie sich ihren Weg durch all die Lesben hin zur Bar. Brachte die Nachtluft herein. Alle schauten. Doch La Bruja, ganz Königliche Hoheit, sah niemanden an. Dann setzte sie sich. Ihr erster Drink ging immer aufs Haus.

Wann immer ich sie beobachtete, prickelte das stahlumhüllte dunkle Verlangen tief in mir. Gleichzeitig mit dem Drängen in den Händen, in den Hüften. Geh, sagte es, geh zu ihr. Nicht, daß ich es gewagt hätte. Tatsache ist, ich war zu jung, zu abgebrannt, zu dumm. Zu weich. Soft-Butch. Ja. Wahrheit ist das, was du niemals zugibst.

Doch eine Ältere, Verwegenere, Erfahrenere, gutaussehend und hart wie Stein, elegant gekleidet, mit schöner Krawatte, blankpolierten Schuhen und grimmigem Gesicht würde auftauchen, um ihr Feuer zu geben. Es gab immer noch einige von ihnen – sie waren nie wirklich ganz verschwunden – Butches, mit denen du dich nicht anlegtest. Kaum daß sie die Hand mit dem Feuerzeug berührte.

Dann spürte ich, wie sie sich um die beiden senkte: die glänzende Glaskapsel, Herzen- und Mösenmagnet, die sie von der Welt abschloß.

Ich wurde älter. Das Leben meinte es nicht gut mit mir. Manchmal verletzte es mich schwer, und ich wünschte mir, ich hätte den Schneid, zu sterben oder zu töten. Auf dem Höhepunkt der Verzweiflung kamen diese Träume von La Bruja. Nur dieses Bild von ihr, das ich im Kopf bewahrte: die wandelnde High-Femme-Grandezza, ein Bild, das keine Qual der Welt antasten oder aus mir herausprügeln konnte. All das, und ich hatte niemals auch nur ein Wort mit ihr gesprochen. Doch ich stellte sie mir jeden Tag vor. Und allein das war Grund genug weiterzumachen.

Zwischenzeitlich fand das wirkliche Leben statt. Ich wurde älter, gescheiter. Hatte Frauen und Affären. Lernte, wie ich sein mußte: wie man Frauen richtig behandelte, ihr Haar verehrte und die vollen, angemalten Lippen und wie ich beides dann später ordentlich durcheinanderbrachte. Pomade im Kamm, auf den Laken. Ein paarmal verliebte ich mich sogar, bekam mein Herz gebrochen, brach einige andere. Doch eines Abends nach der Arbeit trank ich ein Bier und *wusch!* öffnete sich die Tür der Bar dem Wind, glühende Asche, und jemand stahl sich herein – La Bruja. Diesmal traf mich ihr Blick. Dieser Blick ließ mich erbeben. Und ich bemerkte, daß ich aufgestanden war, und schäumendes Bier ergoß sich über den Tisch.

Petie riß an meiner Jacke. „Hey, was soll der Scheiß, Kid? Nimm dich in acht vor dieser behexenden Hexe. Eine Femme par excellence, Dramen ohne Ende, die verzehrt und zerbricht dich. Okay, du bist gewarnt."

Doch La Bruja hatte den Blick schon abgewandt. Schlitz tropfte mir auf die Hose, und alle meine Freundinnen lachten. Ich schob mich durch Ellbogen und Schenkel, um ein ruhigeres Plätzchen zu finden. Niemand stritt oder knutschte im Treppenhaus, aber es stank nach Pisse. Ich ließ das säuerliche Dunkel meinen Schweiß trocknen. Manchmal gibt es einfach nicht genug Winkel.

Ich entwuchs der Barroutine und ging nicht mehr oft aus. Aber während eines Gay Pride im Juni, nach Marsch und Parade und dem Die-in mit all den Schwulen in der Nähe dieser Kirche, ging ich zu einem Straßenfest Downtown. Ich war in Sonne und Staub gehüllt. Ärmelloses T-Shirt, schwarze Jeans. In letzter Zeit hatte ich mich im Fitneßstudio mächtig ausgetobt, ich fühlte mich großartig, und einige hübsche Mädchen schauten mir nach. Lautsprecher, groß wie Raketenabschußrampen, waren aufgestellt worden, alle tanzten begeistert mit allen zum Dröhnen des Drumbeats. Es dämmerte. Und auf der anderen Straßenseite, sich langsam in dem nur ihr gehörenden unsichtbaren Kreis bewegend, war La Bruja. Sie tanzte. Sie trug ein leichtes helles Kleid mit Blumenmuster. Weniger Make-up. Sie hatte zugenommen, und so waren ihre Hüften runder, ihre Brüste drängten sich in weicher Fülle gegen die Stoffblumen, und als ich mich näher zu ihr hinüberschob, sah ich, daß ihre Haut straff und makellos war, ihre Lippen ein tiefrotes Herz. Fast hatte sie diese scharfen Kanten, die mir vertraut waren, verloren, fast sah sie aus, als wäre sie nicht von dieser Welt. Die Musik verstummte. Lautsprecher knisterten. Zwischen den Häusern wurde der Himmel dunkler. Sie wirbelte noch einmal herum, öffnete die Augen. Sah mich. Und lächelte. Ich streckte, ohne zu denken, die Hand aus, ergriff ihre wie einen Schatz, so daß unsere Handflächen einander berührten und Funken sprühten, und beugte mich herunter, um sie zu küssen. La Bruja, sagte ich, du siehst wunderschön aus.

Ihre Augen schienen einen Moment lang gefährlich, dann zärtlich.

„Oh, Honey, ruf mich doch an."

Eine imposante Butch trat dazwischen: Lederstiefel, herbe, gutgeschnittene Gesichtszüge, helle, blutunterlaufene Augen, stechend vor Wut. „Und wer bist du?" sagte sie und wirbelte mich zu sich herum.

Zuerst machte sie mir angst. Dann kriegte ich mich wieder ein und sagte mir: Addy, du bist doch kein Anfänger mehr. Und zu ihr sagte ich: „Was ist los?"

„Die Lady gehört zu mir, das ist los.“ Sie war groß und harsch – härter, erfahrener, verwegener als ich –, doch was ich in diesem Moment sah, war ihre Verletzlichkeit, sie war von der Welt viel, viel mehr verletzt worden als ich, auf eine Weise, daß niemand es je würde beheben können. In solchen Situationen stecke ich gewöhnlich zurück, bin ich ein Kumpel, sage, hey, nichts für ungut. Diesmal jedoch speiste ihr Schmerz meine Gemeinheit. Diesmal ging es um La Bruja. Die La Bruja meiner Träume, die jetzt von mir fortgedrängt wurde, in den kräftigen, T-Shirt-bedeckten Armen einer anderen.

Und so rief ich den beiden Dinge nach, die ich, wäre es anders gewesen, nie gerufen hätte: „Hey, haste 'n Problem? Dann geh nach Hause und kotz dich aus, Alter! Die Lady hat *mich* angesehen!“ Und ich schrie immer noch, während sie, an Feuerhydranten und Beton vorbei, in den Schatten verschwanden, und einige andere Lesben mich bei den Armen packten und sagten, Schnauze, Kid, beruhig dich, nimm's nicht so schwer, 'n nettes Kid wie du, findest irgendwann schon deine eigne Frau. La Bruja ist jetzt mit Mick zusammen, verstehst du? Sie gehört Mick. Klar?"

Weitere Jahre vergingen. Ich begann, mich wohl zu fühlen, auf ältere, erwachsenere Weise, und an einem späten Frühlingsnachmittag gehörte mir die Welt. Hatte früh Feierabend und ging hinunter zum Fitneßstudio, hob tonnenweise Eisen, machte Sit-ups, Liegestütze, brachte mich in Form und dann nach dem Duschen, nach dem Abtrocknen, diese schönen Hitzewellen und der tolle Duft und das strotzende Gefühl prallen Fleisches. Die Tasche mit nassem Sportzeug in der Hand, stand ich pfeifend auf der Straße, ein Lüftchen regte sich, die Schuhe auf Hochglanz poliert. Dachte an das Gerücht, das mir neulich abends irgendwer erzählt hatte: *Jetzt hast du deine Chance, Schätzchen, Mick hat das Luder verlassen!* Nun, ich war soweit.

Alt genug. Verwegen genug. Gutaussehend genug. Hatte Arbeit. Kam für mich selbst auf. Keine größeren Scherereien, nein, nicht mehr. Schlicht ein Prachtexemplar, das an einem luftigen Frühlingstag federnden Schrittes die Straße hinunter das nächsten Telefonhäuschen ansteuert, Münzen in der Hand. Diesmal würde ich es tun. Diese La Bruja anrufen. Diesmal war sie mein.

Beim ersten Telefon war der Hörer abgerissen. Doch ich behielt, was man Gelassenheit nennen würde. Die nächste Ecke. Die Münze fiel, und ich pfiff mit klopfendem Herzen vor mich hin, wartete und wartete, aber es kam kein Freizeichen. Ich hämmerte mit der Faust gegen den Apparat, doch die Münze kam nicht wieder heraus. Nun hatte ich bloß noch eine. Also strebte ich dem nächsten Telefonhäuschen zu, eine Straßenecke weiter, mein Mund war trocken, und Schweiß begann sich am Haaransatz zu bilden. Diesmal kam das Freizeichen. Ich warf die Münze ein und verwählte mich nicht.

Eine Frau – ich hatte sie hier und da gelegentlich gesehen, allerdings war jetzt ein kleiner Junge von vielleicht drei Jahren bei ihr –, fegte vorbei. Das Kind geriet ihr in den Weg, und sie stolperte und warf mir zwei braune Einkaufstüten vor die Füße. Eine Ketchupflasche barst, Mayonnaise spritzte – über meine Schuhe. Das Kind fiel auf die Knie und weinte.

„Scheiße!" brüllte ich.

„O Gott, es tut mir leid!" rief sie und fing ebenfalls an zu weinen. Ich ließ den Hörer baumeln und bückte mich, um ihnen mit den verdammten Lebensmitteln zu helfen. Das Kind schrie wie am Spieß, sie schluchzte etwas von entweder Essen oder Miete, und was zum Teufel sie jetzt bloß tun solle. Ich half ihr, angestoßene Äpfel und eine Schachtel mit angeknacksten Eiern aufzuheben. Auf dem FDR-Drive herrschte Feierabendverkehr mit größeren Verkehrsstaus. Autos, die an Ausfahrten warteten, spien und hupten. Meine frühlingsluftige Stadt verwandelte sich in einen Strudel aus Lärm und Chaos, und mittendrin half ich irgend so einer Ziege und ihrem Balg, ihre ruinierten Fressalien aufzusammeln, während das Ziel meiner Träume in der Nähe baumelte, und ich kümmerte mich nicht um den Telefonanruf, den ich mein ganzes Leben lang schon hatte machen wollen.

Kurze Zeit später stand ich lebensmittelbekleckert da. Drückte den Hörer ans Ohr. Hallo, sagte ich blöde. Vielleicht war La Bruja vorhin drangewesen, doch jetzt war die Leitung tot. Ich hängte den Hörer still zurück auf die Gabel.

Manchmal übernimmt die Ritterlichkeit das Kommando. Ich ließ es jetzt, bei dieser Einkaufstante und ihrem Kind, geschehen. Wischte Dosen und Flaschen ab. Stopfte soviel von dem Zeug wie möglich in meine Sporttasche.

„Komm", sagte ich niedergeschlagen, „ich bring' euch nach Hause."

„Gott", schniefte sie, „das wäre toll."

Ich holte Kaugummi aus der Tasche und gab es dem Kind, damit es ruhig war. Auf halbem Weg zu seinem Mund hielt der Junge inne und starrte tränenverschmiert und flehentlich zu ihr hinauf.

„Na los, Schätzchen, du kannst es ruhig annehmen."

Ihre Stimme war zärtlich.

Der Junge war braun wie sie, doch die Augen gehörten jemand anders.

Wir gingen langsam, während er neben uns herzockelte und glücklich kaute, fort vom Park und dem Drive, nahmen die Abkürzung durch die Siedlung. Vorbei an Müllcontainern, Backsteinen, Beton. Sie wohnte ein paar Treppen hoch, und als wir zwischendurch auf den Treppenabsätzen pausierten, sah ich in dem dämmrigen Licht, daß sie nicht eigentlich schön war, sondern lieblich, mit einem Glanz auf den Wangen und tief in den Augen, der mir sagte, ja, sie war lieb.

Ihre Wohnung war ein kleines gemütliches, verrückt-buntes Loch, übersät mit Pflanzen und Spielsachen, das dich sofort vereinnahmte und wünschen ließ, hier zu verweilen. Ich half ihr, angeschlagene Lebensmittel auszupacken und sah zu, wie sie die Sachen wegräumte. Gerade als ich gehen wollte, mußte der Junge auf den Topf. Ich wartete, während sie ihm den Hintern abwischte. Jetzt schien er zufrieden zu sein, und so gab ich ihm noch ein Stück Kaugummi.

„Zieh deine Schuhe aus", sagte sie. „Es tut mir wirklich leid. Ich werd' sie dir putzen."

Sie stellte meine Schuhe auf Zeitungspapier, holte Lappen, Bürste und schwarze Schuhcreme hervor. Ich saß in Socken auf ihrem Sofa und beobachtete sie. Wie sie sich sorgsam über die Schuhe beugte, andächtig und bescheiden. Ihre sanften, kräftigen Finger. Der Junge saß auf meinem Schoß, einfach so.

„Er mag dich." Sie reichte mir die Schuhe. Als ich sie entgegennahm, berührte ich ihr Handgelenk. Haut rieb aneinander. Augen trafen sich. „Hey", sagte sie leise, „möchtest du zum Essen bleiben?"

„Okay", erwiderte ich.

Doch es war fast so, als hätte ich meine Stimme nicht unter Kontrolle. Statt ihrer sprach ein Schmerz in mir, ein tiefes, wundes Weh gemischt mit friedvoller Ruhe gemischt mit einem Verlangen, von dem ich nicht einmal gewußt hatte, daß ich es besaß, doch irgendwie spürte ich, ohne es zu verstehen, daß sie es – wenn ich bliebe – würde lindern können.

So blieb ich.

Eigentlich bin ich nie gegangen.

Das war Rosa.

Weitere Jahre vergingen. Es lief bestens mit mir, Rosa und dem Kind. Hatten wir Probleme, arbeiteten wir daran. Es gab nicht viel, worüber ich hätte klagen können. Manchmal nachts berührte sie mich einfach und zog mich in ihren Bann, ihr Femme-Sein und ihr Hunger schlugen mit jeder Bewegung ihres weichen Frauenkörpers über mir zusammen. Was ich mit ihnen hatte, verlieh mir innerlich einen warmen, starken, soliden Kern. Doch diese Wärme existierte unmittelbar neben einer Dunkelheit. Das war der andere Teil von mir, der Teil des Traumes und des unstillbaren Verlangens: eine harte, hartnäckige, schemenhafte Butch-Sache, die mich stets rastlos sein ließ, stets irgendwie weit weg von dem, was ich liebte und besaß. Ich hielt diesen Teil von mir verborgen. Rührte meist selbst nicht daran. Es lief alles viel zu gut.

Eines kalten Spätwinters, inmitten all dieser Herrlichkeit, hatte der Junge Ferien, und sie beschloß, nach Miami zu fliegen und seine Großmutter zu besuchen, sie und er würden zum Super-Spartarif fliegen und vier Tage später wieder zu mir zurückkehren. Ich half ihnen packen. Küßte und drückte sie zum Abschied. Setzte sie in den Bus nach LaGuardia. Vermißte sie.

„Yo", sagte Petie spätabends am Telefon, „hast du's schon gehört?"

„Was gehört?"

„Scheiße. La Bruja. Sie ist im St. Vincent. Sie stirbt."

„Was soll'n das heißen, sie *stirbt*?"

„Na ja, *sterben* eben. Schätze mal, das Leben hat sie eingeholt."

Im Fitneßstudio rackerte ich mich ab. Auf dem Nachhauseweg nahm ich ein Video mit. Im Kinderzimmer schlug ich die Decke zurück, gerade so wie jeden Abend, damit das Bett für ihn bereit war, obwohl sie noch tagelang nicht zurücksein würden. Gegen Mitternacht schlief ich ein. In meinem Traum hörte ich Stimmen. *Kid,* sagten sie, *dein Herz gehört dir.*

Am nächsten Morgen war Samstag. Ich badete und zog mich an, geschniegelt und gebügelt. Geld in der Tasche. Und Gummis. Zum ersten Mal seit Jahren schnallte ich ihn wieder um.

Der Schwanz im Lederharness saß mit seinem Sockel über meiner Möse, der Rest war zwischen die Schenkel zurückgeschnürt, eine leichte Wölbung schwoll gegen den Schritt meiner weiten Jeans. Ein, zwei Minuten lang war es ungewohnt, mein Gang unbeholfen, befangen, dann hatte ich den Rhythmus wieder, die Macht, Macht eines Traumes, Macht einer Liebhaberin, und ich ging hinaus, der Träume und der Wahrhaftigkeit und der Macht des Begehrens zum ersten Mal seit einer Ewigkeit gewiß.

Es war kalt, Straßen und Bäume leergefegt, der Wind blies Abfall durch diesen frühen Wochenendmorgen, steckengeblieben im Winterfrost zwischen Schneefällen. Am Obststand des Koreaners blieb ich stehen und starrte die Rosen an. Eine stand allein da, silbrig zart nackt, seltsam, wie geschmiedet.

„Ich nehm' die da."

„Die Platinrose. Selten, nur noch eine übrig, zehn Dollar."

Ich verhandelte nicht. Sorgte dafür, daß er den Stiel umwickelte und mit weißem Band verschnürte. Dann, die Rose an mich gedrückt, hielt ich ein Taxi an, das westwärts fuhr. St. Vincent-Hospital, sagte ich, über die Siebente.

Am Empfang ließen sie mich durch. Aufzüge hinauf und Gänge hinunter, Rollstühlen und Rollwagen ausweichend. Spähte um die Ecke eines dunklen Zimmers. Hämmerndes Herz. Schüchtern.

„La Bruja. Erinnerst du dich an mich?"

Sie war auf Kissen gestützt, ihr Make-up frisch. „Addy, Honey", sagte sie lächelnd, „natürlich!" Und reichte mir die Hand, sehr huldvoll. Ich nahm sie zärtlich, drehte sie, um sie zu küssen. Fuhr mit einem Finger über sie und konnte die Adern spüren. Ich setzte mich auf die Bettkante und fühlte für einen Moment die Spitze eines Knies im Rücken, dann zog sie es mit einem leisen Rascheln des weißen Lakens diskret zurück.

Ich bemerkte Blumengestecke und Vasen mit Blumensträußen, Karten und Geschenke auf dem kleinen Tisch neben ihrem Bett. Sie waren alle prachtvoll, alle teuer, stachen sich gegenseitig aus. Zu viele für den Nachttisch. Dann schaute ich auf die einzelne, dumme kleine Rose in meiner Hand und fühlte mich einen Augenblick lang selbst klein, schäbig, irgendwie immer noch zu jung für sie. Die Lady hatte viele Freundinnen und Bewunderer. Sie hatte all die Jahre nicht gerade auf mich gewartet. Doch ich gab sie ihr trotzdem.

„Hier, jede schöne Frau verdient Blumen."

So war es fast okay. La Bruja hielt sie einen Augenblick an ihre Wange. Dann führte sie meine eisige Hand an Nase, Mund und Wange und holte tief Luft.

„Gott, du riechst wie draußen! Wie die Luft, meine ich, wie die Welt! Oh, es riecht so gut!"

„Du darfst nicht sterben, La Bruja!" platzte ich heraus. „Wegen Frauen wie dir habe ich mich nicht umgebracht." Ich lehnte mich dann zurück; ohne ihre Hände waren meine plötzlich unbeholfen. Überrascht, weil ich selbst nicht gewußt hatte, daß ich so empfand oder es sagen würde, doch da war es, und es war aufrichtig.

Sie erschrak ein bißchen. Und weinte. Die Tränen bildeten Mascara-geränderte Flüsse durch Rouge, Puder, Grundierung. Ich tupfte mit einem Taschentuch an ihnen herum.

Wir unterhielten uns ein wenig, leise. Zu Anfang scheu. Über ihr Leben. Meines. Wir hatten zuvor nie wirklich miteinander gesprochen. Dann ließ sie sich erschöpft in die Kissen zurücksinken und nahm meine Hand wieder in ihre.

„Ich möchte weglaufen", sagte sie traurig, „aber ich kann nicht."

Doch in meinem Kopf meldete sich schon eine Idee. Ich griff durch die Gestecke nach dem Telefon.

„Doch, du kannst", sagte ich. „Ich bring' dich fort."

Nach dem Anruf drehte ich mich um, während sie sich anzog. Ich fand ihren Mantel in einem Schrank neben dem Bett. Die langen Ärmel verdeckten das Patientenbändchen an ihrem Handgelenk. Dann gingen wir langsam, beiläufig, um Rollwagen und Rollstühle herum und um Tabletts mit Essen, das niemand wollte, durch den antiseptischen Geruch und mieden die Blicke der Schwestern. Und hinunter. In einem Traumnebel. Und hinaus — auf die Straße, zu den Taxen, in die Kälte. Tränen stiegen in ihr auf, flossen aber nicht. Ein Taxi hielt, und ich öffnete die Tür. Bebend half ich ihr hinein.

„Uptown", sagte ich. „Zum Waldorf Astoria."

Die Eingangshallen der Reiche-Leute-Hotels sind ganz Teppich, Glas, Licht, Terrakotta, Gold, und alles hastet leise herum. Nein, sie sind nicht leise, sondern gedämpft, ihre Stimmen kultiviert und die Schritte verhalten. So war das also: der ganze große, reiche, unvertraute Ort umgab mich und sie, doch wir bewegten uns darin in der gleichen warmen beschützenden Kapsel voran, die uns so weit gebracht hatte. Ich geleitete sie zu einem Sessel.

Petie wartete auf mich, mit unruhigem Blick, aufgemotzt in seiner weinroten Uniform mit glänzenden Goldtressen. Der kleine Hut über seinem Gesicht, irgendwie lächerlich und sehr geschäftsmäßig zugleich. Er sprach, ohne mich anzusehen, nervös, und gab mir die Schlüssel.

„Zwölfter Stock, Nummer 1285. Ihr habt Zeit bis morgen mittag. Dann kommt die Ablösung, und es wird saubergemacht." Seine Stimme war belegt, auf beiden Wangen waren Stoppeln. Ich vermutete, daß er wieder an der Nadel hing. Ich persönlich würde das Zeug nicht anrühren – doch es ging mich ohnehin nichts an.

Danke, murmelte ich, schwitzend.

Und mit den Schlüsseln in der Hand schwebte ich über den Teppich, als gehörte ich dazu, zu all den gedämpften, schick gekleideten Bediensteten und Gästen, schwebte zu dem weichen luxuriösen Sessel, in dem La Bruja neben einem Berg hochglänzenden Ledergepäcks saß, das jemand anders gehörte, blaß und wartend, ein halbes Lächeln auf den Lippen. Ich bot ihr meinen Arm an. Sehr galant. Und gemeinsam wanderten wir zu der Reihe still vor sich hin blinkender Aufzugknöpfe. Aus den Augenwinkeln blickten hier und da Leute nach uns, schauten erneut, schienen verwirrt, wendeten kaum merklich die Köpfe, um uns auf diese diskrete „Bloß-nichts-anmerken-lassen"-Art der Reichen und Höflichen anzustarren. Ihre Augen wurden hart und selbstzufrieden, sobald sie erkannt hatten, daß wir, ja, beide Frauen waren und, nein, wir sie nicht täuschen konnten. Arme Heteros. Sie wären enttäuscht, wenn sie wüßten, daß ich sie eigentlich noch nicht mal ... täuschen wollte. Ich war ihrem Leben viel zu fern, um es auch nur zu versuchen, und die Frau an meinem Arm trug mich noch weiter fort. So warteten wir, La Bruja und ich, und wir schwebten gemeinsam hinauf, geräuschlos in dem glasglänzenden, messingglänzenden Aufzug. Gänge hinunter mit Teppichen, die unsere Schritte verschluckten. In denen das Licht gedämpft, freundlich auf ihrem erschöpften Gesicht, ihren müden Augen lag. Wo das Zittern ihrer Hand und die Fieberglut verborgen waren, jetzt nur noch mir bekannt, und ich hielt ihr Zittern und ihr Glühen in meinen Händen und im Herzen.

La Bruja, sagte ich. Nur das – ihren Namen.

Und öffnete die Tür.

Leises Umlegen des Lichtschalters. Die Teppiche, glatten Wände, funkelnder Glanz der Dinge. Gediegenes Sofa und Polstersessel. Spiegel im vergoldeten Rahmen. Schwere dichte Vorhänge, um sie vor Fenster zu ziehen, die über die Skyline der Stadt funkeln. Ein kleiner Kühlschrank gefüllt mit Snacks in hübschen französischen und englischen Verpackungen. Eine Bar mit jeder erdenklichen Sorte teuren Alkohols unter der Sonne.

All diese Dinge waren für uns da. Vielleicht würde Petie mich später umbringen, doch ich mußte einiges von dem Zeugs ausprobieren. Goß der Lady Tafelwasser ein – sie könne nichts anderes vertragen, sagte sie – und öffnete eine Dose Soda für mich. Klar sah ich den Champagner. Doch La Bruja trank nicht, nicht mehr. Ich beschloß, ich vielleicht auch nicht.

Eine Zeitlang war sie wie ein Kind, bat mich, ihr Sachen zum Anschauen zu bringen: die Speisekarte des Zimmerservices, die dicken Hochglanzmagazine, Schnickschnack, den das Hotel bereitstellte. Ich? Ich war ihr willig zu Diensten. Zwischendurch saß ich neben ihr auf dem Sofa, befingerte Baumwollsamt und Kissen, und wir unterhielten uns. Wir verplauderten den ganzen Nachmittag. Schalteten den Fernseher ein – Kabelprogramm – mit einer multifunktionalen Fernbedienung mit polierten Knöpfen. Beim Hereinkommen hatte ich bemerkt, daß ein Geruch an ihr haftete – Desinfektionsmittel, Alkoholtupfer, sehr medizinisch. Doch nun war er verschwunden. Sie schaltete den Fernseher aus. Erzählte noch ein bißchen, diesmal von Mick. Das erste, was sie zusammengeführt hatte, sagte sie, war Micks Stärke.

Ich wußte nicht, ob ich ihr glauben sollte oder nicht.

„Ich möchte wieder jemand Starkes spüren“, sagte sie. „Ich glaube, ich möchte dich auf diese Art spüren, stark und lebendig.”

Darauf hatte ich doch mein ganzes Leben lang gewartet.

Ich beugte mich hinüber, zu ihrer Hitze und ihrem Fieber. Dann zog ich sie einfach hoch und auf mich. Ihre Arme und Beine um mich geschlungen, ritt sie.

Ich lehnte mich gegen die Wand und hielt sie. Sie war zerbrechlich, kinderleicht, so einfach zu stützen. Ich bewegte meine Hände langsam über ihren Hintern und ihre Schenkel, drückte sie herunter, hob meine Hüften, hinein in unverfälschten Frauengeruch und Nylon. Da spürte sie es zum erstenmal und stieß den Atem aus, laut, erstaunt. „Gott, Hon'!”

Das Doppelbett war gewaltig, kissenübersät, ein riesiges Ding, auf dem man sich verlieren konnte. Ich rollte darüber hinweg in ihren Mund und ihr Haar. Sie grub ihre Fingernägel in meinen Hals. Dann übernahm etwas Wildes in mir, brachte mich dazu, mich so heftig und ungestüm und schnell auf ihr zu bewegen, daß ich vergaß, wer ich war, und erst als sie vor Schmerz aufschrie, hielt ich blinzelnd inne. Mit einer großen Kraftanstrengung stieß sie mich dann herunter. Stieg auf mich, sehr würdevoll, älter, weiser, wissend und lächelnd, rieb sich an meinen Schenkeln, am Gürtel.

„Halt still, Hon'." Sie zog mir die Jacke aus. Knöpfte mein Hemd auf, zog die Schöße auseinander, öffnete meinen Gürtel und zog den Reißverschluß herunter, dann die Unterhose, dann faßte sie zwischen meine Beine, und der Schwanz sprang elastisch heraus.

„Hmmm-mmmh. Für mich?"

„Ja, Baby."

„Nun", sagte sie, „ich hab' auch ein Geschenk für dich." Sie faßte in eine meiner Taschen und zog ein Gummi heraus, und die Plastikhülle knisterte. Ich streckte die Hand aus. Sie schüttelte den Kopf. „Laß mich", sagte sie. Mit einer gekonnten Bewegung saß es, eine kleine erwartungsvolle Blase an der Spitze für Sperma, das nicht existierte, außer in dem harten, starken, wunschhaften Phantasiefick im Kopf. Sie rollte sich auf die Seite und schälte sich aus ihren Nylonstrümpfen. Dann kauerte sie wieder über mir, in nichts als ihrem Kleid, und senkte sich auf mich herab, langsam, während ich den Schwanz in sie hineinführte.

„Aaah ...", schluchzte sie, schmerzvoll, und nahm ihn ganz in sich auf. Dann saß sie einfach auf ihm und auf mir, atmete heftig, die Tränen strömten. Ich langte hinauf, unter die weichen Falten ihres Kleides, um ihre Hüften zu halten. Fuhr mit meinem Daumen über ihren Bauch, über all die Narbenhöcker.

„Sie haben alles aus mir herausgeschnitten, Hon'."

Ich leckte einen Finger, berührte damit ihre Klit, und sie stöhnte.

„Nicht alles."

„Ganz sanft, Hon'", sagte sie. „Mach langsam."

Ich stieß in sie hinein mit einer sicheren, sanften Bewegung, die sie ihre Lippen öffnen und ihre Augen schließen, dann wieder öffnen, sie süß lächeln ließ. Das war etwas, das ich sie in meinen Tagträumen immer hatte spüren lassen wollen. Wollte, daß sie einfach wußte, wer und was ich für sie sein konnte, hier, in diesem Zimmer, an diesem Ort, in den Schatten, nur für sie: eine Liebhaberin, die wußte, wie man wartet, und wußte, wie man sich bewegt, die sich zurückhält, gibt, fickt, liebkost, nimmt; eine Frau, die alt genug war und willens genug, hart genug, sanft genug, jetzt erfahren genug – und verliebt. Die sie noch lebend vorgefunden hatte – endlich, ja, und nicht einen Augenblick zu früh.

Irgendwann während dieses Nachmittags hatten wir uns all unserer Kleider entledigt, wie unnötige Dinge über Boden und Bett verstreut, und in der schweren friedvollen Stille hinter vorgezogenen Vorhängen lagen wir nebeneinander auf feuchten Laken, halb eingeschlafen. Ich war jetzt völlig nackt, sogar ohne Harness. Sie ließ die Hand auf meinem Bauch kreisen.

„So zart. Meiner ist hin."

„Nein, Baby."

„Mick ließ sich nie von mir berühren."

„Hmmm. Aber du wolltest es?"

„Oh", murmelte sie, plötzlich verlegen. „Ja. Manchmal. Wie ist es mit dir und deiner Lady? Läßt du dich von ihr anfassen?"

„Na ja, klar, manchmal."

„Du bist *soft*", neckte sie mich. Dann, sehr ernsthaft: „Hör zu. Bleib so. Bleib gut und stark und soft für deine Lady. Sei lieb zu ihr."

Dann ließ sie einen Finger in mich hineingleiten und fragte nicht einmal, und irgend etwas entschlüpfte meinem Mund, ein Stück meiner Stärke, wie ein Atemzug oder ein Laut. Was all die Operationen zurückgelassen hatten, zog sich kreuz und quer über ihren Bauch, ein dunkelroter Todesbote. Platinblütenblätter. Doch der Rest von ihr war noch am Leben, ihre Hände und ihre Augen gierten nach Leben.

„Laß mich einfach", flüsterte sie leidenschaftlich. „Bleib so liegen. Gib's mir. Gib's mir. Gib's mir, Honey."

Ich duschte in dem palastartigen Badezimmer. Später räumte ich all die kleinen Fläschchen mit Shampoos und Spülungen von den Marmorkonsolen und stopfte sie in eine Tüte.

Als ich mit dem Dampf heraustrieb, war sie schon angezogen. Fiebrig, schwächer denn je, doch lächelnd saß sie in der stillverhangenen Dunkelheit. Sie hatte nicht geduscht. „Ich möchte nach heute riechen", sagte sie, „so lange wie möglich."

Ich ließ den Schlüssel und einen Zehner auf der Kommode liegen. Großkotz. Doch im Aufzug wurde der ganze auf Wolken schwebende innere Friede herabgezogen, zerrissen, wie zerschmettertes Glas, zerstreutes Licht. Gnade und Barmherzigkeit verließen mich. Ich hatte keine Ahnung, wieviel Uhr es war. Doch als wir in die nächtliche Kälte eines unfreundlichen Winterwochenendes hinaustraten, merkte ich, daß es spät war, und Trostlosigkeit ergriff von mir Besitz. Ein Taxi hielt an, und der Hotelbursche öffnete La Bruja die Tür. Ich gab ihm ein paar Dollar.

Als ich sah, wie sie sich langsam, schmerzvoll hineinquälte, wußte ich plötzlich genau, wie schwach sie war, wie wenig Zeit sie noch hatte. So schickte ich, als ich hinter ihr einstieg, all die schlimme Angst in mir fort und drückte ihre Hände. St. Vincent, sagte ich zu dem Typ, Downtown, über die Siebente. Und bitte fahr langsam, der Dame geht's nicht gut.

Tut mir leid, sagte er, mach' ich.

Shampoofläschchen klapperten in ihrer Tasche.

„Soll ich dich anrufen?" flüsterte ich.

„Nein. Ich denke nicht, Hon'."

Wir schwiegen. Doch auf halbem Weg, in diesem Taxi, auf dieser nächtlich beleuchteten City-Avenue, wandten wir uns einander zu, und plötzlich lachten wir. Schallend. Es kam tief aus dem Bauch, warm, köstlich, würzig wie das Leben. Da begriff ich, daß dies das letzte Mal war, daß ich sie sehen würde, mein Begehren und meinen Traum, meine La Bruja. Denn irgendwie war sie mein. Oh, sicher, vielleicht gehörte sie auch anderen. Doch auch mir, auf eine Weise wie nie zuvor; und solange ich lebte – gewiß länger, als sie noch leben würde –, konnte ich sie auf diese Weise haben.

Am Haupteingang des Krankenhauses lächelten wir beide immer noch. Ich stieg aus, um ihr die Tür zu öffnen. Sie taumelte heraus, völlig erschöpft, doch mit feurigem Blick, streifte meine Wange mit ihren Lippen. Ich sah ihr nach, wie sie unsicher davonging. Sie winkte einmal, ohne sich umzudrehen. Als letztes sah ich, daß sie die Platinrose hervorgeholt hatte, welk vor Kälte und zerdrückt, doch sie hielt sie an die Nase und holte tief Luft. Sie betrat die Eingangshalle, das Bändchen schaute unter dem Mantelärmel hervor. Sie drehte sich um, warf mir einen Handkuß zu. Dann trat sie in die Drehtür aus Schatten und Glas, tanzte, taumelte auf fiebrigen Füßen, drehte sich um und weg.

Ein paar Tage später kamen Rosa und das Kind zurück. Ich holte sie am LaGuardia-Airport ab. Wir fuhren gemeinsam im Bus nach Hause.

Der Junge war glücklich, denn er hatte Spielzeug von seinen Cousins bekommen. Rosa sah großartig aus. Sagte, daß es gut gewesen sei, alle zu sehen, aber daß sie mich vermißt hätte. Ja, sagte ich, ich hab' dich auch vermißt. Dann war sie still.

An diesem Abend kochten wir Spaghetti mit Fleischbällchen. Ich machte frische Tomatensauce. Der Junge half, rührte die Zwiebeln hinein. Und unsere ganze Wohnung war von diesem warmen heimischen Familiengefühl erfüllt, das uns alle in einer Art Decke aus Nähe, Vertrautheit und Zuneigung einhüllte. Wir aßen, sahen ein paar Shows im Fernsehen an. Badeten den Jungen, steckten ihn ins Bett, und ich war dran, ihm eine Geschichte vorzulesen. Später ging ich in die Küche, um beim Abwasch zu helfen und trocknete das Geschirr ab.

„Kaffee?" Rosa holte die Dose heraus. Ich sagte, klar.

„Ich hab' neulich abends versucht, dich anzurufen", sagte sie. „Du warst nicht zu Hause."

„Hm", murmelte ich, „wann denn?"

„Oh", sagte sie, „vorgestern."

Ich war froh, daß sie mein Gesicht nicht sehen konnte. Doch die Ritterlichkeit sprang mir schnell bei und half mir, meinen erbärmlichen Arsch zu retten. Ich blieb wachsam. „Oh", sagte ich beiläufig, „vorgestern. Tja, ich war ziemlich fertig, Baby. Bin früh in die Falle gegangen, muß das Telefon wohl abgestellt haben."

„Ah."

Bald schon blubberte der Kaffee und füllte die warme Küche mit seinem heimeligen, feinen Duft.

„Weißt du", sagte sie, „Angie hat am Tag, bevor ich fuhr, angerufen. Sie erzählte mir was von dieser Hure, weißt du, wen ich meine, die, die mit Mick zusammen war? Also, sie sagte, daß das Luder im Sterben liegt."

„Hm-hm", sagte ich. „Tatsächlich?"

Dann, bevor ich wußte, wie mir geschah, kam eine fast volle Dose El Pico durch die Luft gesegelt, prallte vom Küchenschrank ab und hinterließ eine große Scharte im Holz, knapp zwei Zentimeter über meinem Kopf. Sie knallte ins Spülbecken, und ich wirbelte herum, um Rosa anzusehen.

„Was soll das, zum Teufel?“

Ihr Gesicht glühte, Augen und Mund gequälte Schlitze. „Das“, zischte sie, „das ist fürs Telefon abstellen.“

Ich verbrachte ein paar Nächte auf der Couch.

Der Winter ließ uns zur Ruhe kommen.

Im Frühjahr war der Junge gut in der Schule, Rosa fand zu ihrer früheren lieben Art zurück, ich war ziemlich regelmäßig im Fitneßstudio. Seit jener Nacht wurden keine Kaffeedosen mehr in meine Richtung geschleudert.

Die Buschtrommel meldete, daß Soundso mit Soundso zusammen wäre und diese jene verlassen hätte, um zu einer dritten zu gehen – verdammte Lesben und ihre Affären, wir alle hüpfen auf diesem Spielbrett von Stadt herum wie ein Haufen Schachfiguren. Im Inneren meines Herzens breitete sich wieder diese große sichere Beständigkeit aus: Rosa und ich und das Kind.

Begehren ist ein eigenwilliges Ding. Es erfaßt uns, wirbelt uns herum in der glitzernden Wolkenwelt von extremer Gefühlsduselei, Krisenzeiten, Leben und Tod, eine Seelenwelt fortwährender Leidenschaft, goldener Hotels und der Träume. Dann spuckt es dich unsanft wieder aus. Ich? Wie die meisten Menschen bewege ich mich die meiste Zeit in der greifbaren, unverträumten, materiellen Welt der wirklichen Dinge: ein Job, ein Heim, Frau und Kind. Ich allein. In all meinem weichen Butch-Sein, harten Frau-Sein, in all der Aufrichtigkeit und Verlogenheit meines Herzens. Niemandes Erlöser. Niemandes Engel.

La Bruja starb in jenem Frühling. Sie hielten eine Trauerfeier im Gemeindezentrum ab. Ich hörte, daß Mick geweint hat.

Eines Nachmittags, Wochen später, lag ich nach der Arbeit nahe dem Fenster in unserem Schlafzimmer und wartete darauf, daß Rosa und das Kind nach Hause kamen. An der Feuerleiter flog ein Blatt vorbei, auf etwas wie silbernem Rauch. Ich sah es durch die waagerecht gestellten Jalousien. Und ich dachte: Begehren. Blütenblätter. La Bruja.

Meine Frau und mein Kind, sie sind so *wirklich*. Freundlichkeit. Wut. Liebe. Was ich zum Leben brauche. Und ich bin, was sie brauchen. Das weiß ich, tief in meinem Inneren.

Doch in mir habe ich auch dieses andere Verlangen nach Dingen, die absolut nichts zu tun haben mit dem Leben, das sich an mir vollzieht, nichts mit dem Leben der meisten von uns, schätze ich, tagein, tagaus. Nenn es verrückte Butch-Träumerei – Petie nennt es so. Der harte, begrabene Teil. Diese Nicht-Frau-, Nicht-Mann-, eben diese Butch-Düsternis in mir. Die La Bruja lieben und begehren konnte.

Versteht mich recht, auch sie war wirklich. Nicht das, was ich brauchte – aber das, was ich *begehrte*. Und wofür ich fast nie erwachsen genug wurde.

Das Blatt flog vorbei. Rauchwölkchen. Lippenstiftspur. Ein Traum. Ich Glückspilz. Das im Leben zu bekommen, was ich wollte. Und auch etwas zurückzugeben. Und, egal wie viele El-Pico-Dosen an meinem Kopf vorbeisegeln, gescheit genug zu sein, darüber zu schweigen.

Femmes. Sie sind mir ein Rätsel. Meine oder ihre oder deine, oh, wir glauben, wir wären so stark, doch keine von uns besitzt sie jemals. Und zu diesen Femmes gehören manchmal jene, die nur dadurch, indem du sie anschaust, deine Träume am Leben erhalten, damit du überleben kannst. Es ist diese Leidenschaft, die sie für das empfinden, was du in deinem Butch-Herzen bist. Sie stirbt niemals in ihnen; sie ist etwas, worauf du bauen kannst. Hält dich am Leben, wenn du es lieber nicht wärst. Sie liebkost dich ohne Scham. Ganz egal also, wen du im Alltagsleben liebst, du wirst nie aufhören, von ihnen zu träumen – an jedem einzelnen Tag deines Lebens. Götter oder Göttinnen oder Dämonen gebt sie mir: meine Traum-Femmes, diese besonderen, zärtlichen Frauen, die du dir endlos wünschst, aber irgendwie auch ohne Selbstsucht, ich meine, ohne Begehrlichkeit. Frauen bedeuten für mich Liebe. Auch Begehren. Doch das ist nicht alles, was sie ausmacht.

Allein bin ich meistens mein eigener Butch-Schatten. Beobachte das Treiben. Verlange nach dem Traum. In diesem Schatten erwacht das Begehren. Dann die Magie. Und Liebe. Alles unausgesprochen. Sag ein Wort, ein Sehnen, einen Namen. Für mich immer und ewig: La Bruja.

Bei einigen Frauen bist du froh, daß sie gelebt haben. Und nicht nur deinetwegen.

Die Autorinnen

Ahima Beerlage
wurde 1960 in Gelsenkirchen-Buer geboren und lebte bis 1980 im Herzen des Ruhrgebietes. Nach ihrem Studium in Marburg, wo sie ihre Liebe zu Frauen entdeckte und ausgiebig erforschte, lebt sie seit 1987 in Berlin, wo sie neben dem schwullesbischen Radioprogramm Eldoradio auch die Queer-Party im SO 36 mitgestaltet hat. In Kürze erscheint ihr erster Roman.

Carolina Brauckmann
geboren 1954, lebt in Köln. Nach dem Studium (Geschichte, Deutsch) in Freiburg schrieb sie gemeinsam mit Sully Roecken das frauenhistorische Standardwerk *Margaretha Jedefrau* (Freiburg: Kore Verlag). Es folgen der Wechsel ins Rheinland und eine sechsjährige Mitarbeit im Feministischen Archiv und Dokumentationszentrum. 1995 gründete sie mit Helga Dickel einen eigenen Betrieb im Bereich Internet und Kreativität („die media“). Nebenher und mit Leidenschaft schreibt sie Glossen und Songs über den lesbischen Alltag (*Satirische Lesbengesänge,* bislang drei Alben).

Diane Carley
lebt als Autorin in Vancouver, Kanada.

Chrystos
geboren 1946 in San Francisco als Tochter einer europäischen Immigrantin und eines Menominee, lebt heute auf Bainbridge Island im nordwestlichen Pazifik. Sie engagiert sich u.a. für politische Gefangene in den USA, Gewalt gegen Frauen und Homosexuelle, Landrechte und Antirassismus. Ihr vorwiegend

lyrisches Werk wurde mit zahlreichen Literaturpreisen ausgezeichnet. 1996 erschien eine zweisprachige Werkauswahl unter dem Titel *Wilder Reis* (Berlin: Orlanda Frauenverlag).

Vera Du

1964 in der Pfalz geboren, ist promovierte Kulturwissenschaftlerin. Sie ist neben ihrer beruflichen Tätigkeit als Wandmalerin, textile Gestalterin und Autorin in Schüben kreativ. Als naturgeile spätberufene Lesbe nutzt sie das Schreiben über Sexualität zur Auseinandersetzung mit ihren eigenen Bedürfnissen und denen anderer Frauen, mit denen sie unablässig über Erotisches tratscht.

Leslie Feinberg

geboren 1949, Jüdin, Transgender, Lesbe, Kommunistin, stammt aus einer Arbeiterfamilie und ist Autorin des Romans *Träume in den erwachenden Morgen* (Berlin: Krug & Schadenberg, 1996) sowie von *Transgender Warriors: Making History from Joan of Arc to RuPaul* (Boston: Beacon Press, 1996) und *Trans Liberation: Beyond Pink-or-Blue* (Boston: Beacon Press, 1998).

Karen-Susan Fessel

geboren 1964 in Lübeck. Studium der Theaterwissenschaften, Germanistik und Romanistik. Lebt als Schriftstellerin und freie Journalistin in Berlin. Buchveröffentlichungen: *Und abends mit Beleuchtung,* Roman (1994); *Heuchelmund, Erotische Erzählungen* (1995); *Selbsthilfe-Handbuch für Menschen mit HIV* (zus. mit C. Cordes u.a., 1995), *Bilder von ihr,* Roman (1996), *Sirib, meine Königin, Phantastische Erzählung* (1997), *Out! 500 berühmte Lesben, Schwule und Bisexuelle,* zus. mit Axel Schock (1997).

Barbara Krantz
geboren 1965 in Wetzlar an der Lahn. Ausbildung zur Diplom-Musiktherapeutin (NL) und Feministischen Frauentherapeutin (NL). Arbeitet in einer psychiatrischen Klinik. Barbara Krantz lebt seit dreizehn Jahren in den Niederlanden, schriftstellert aber auf deutsch. Dies ist ihre erste Veröffentlichung.

Manuela Kuck
1960 in Wolfsburg geboren und aufgewachsen. Studium der Germanistik und Kunstgeschichte in Berlin. Kaufmännische Ausbildung und Arbeit in einer Wirtschaftsberatung sowie verschiedene Jobs als Fotosetzerin und Korrektorin. Autorin zahlreicher Erzählungen und Kurzgeschichten sowie der Romane *Lindas Entscheidung* (Berlin: Krug & Schadenberg, 1997) und *Neue Zeiten für Linda* (Berlin: Krug & Schadenberg, 1998). Manuela Kuck lebt heute als Autorin und alleinerziehende Mutter von zwei Söhnen in Berlin.

Jenifer Levin
Ex-Leistungsschwimmerin und Trainerin von Frauensportteams, lebt mit ihrer Lebensgefährtin und ihrem Adoptivsohn in New York. Sie ist Autorin mehrerer Romane und zahlreicher Erzählungen. Ihr erster Roman, *Water Dancer,* wurde mit dem PEN/Hemingway First Novel Award ausgezeichnet. Ihr vierter Roman, *The Sea of Light,* liegt unter dem Titel *Kippwende* (Berlin: Krug & Schadenberg, 1995) auf Deutsch vor – ein Roman um Frauen und Schwimmsport, Ehrgeiz, Niederlage und Sieg und die Liebe zwischen Frauen.

Minnie Bruce Pratt
ist Dichterin und bezeichnet sich als weiße anti-rassistische, anti-imperialistische Aktivistin. Sie hat unter anderem folgende Bücher publiziert: *S/HE,* aus dem die hier veröffentlichten Texte

entnommen sind, und *Rebellion: Essays 1980-1991,* in dem ihr Text „Identity: Skin Blood Heart“ zum Thema Anti-Semitismus und Rassismus enthalten ist. Ihr zweiter Lyrikband, *Crime Against Nature,* war für den Pulitzer-Preis nominiert. Sie lebt gemeinsam mit ihrem lesbischen Ehemann, Romanautor/in und Transgender-Aktivist/in Leslie Feinberg, in den USA.

Viola Roggenkamp
geboren 1948, Jüdin, lebt in Hamburg und ist freie Journalistin und Autorin (u.a. für *Die Zeit*). Mehrjährige Arbeitsaufenthalte in Asien und Israel. Musikstudium (Klavier) sowie Studium der Philosophie, Psychologie und Soziologie. Veröffentlichungen in Anthologien sowie das Buch *Von mir soll sie das haben? Sieben Porträts von Müttern lesbischer Töchter* (Berlin: Krug & Schadenberg, 1996).

Stephanie Rosenbaum
arbeitet als freie Journalistin und Autorin und schreibt zur Zeit ihren ersten Roman.

Kitty Tsui
asiatisch-amerikanische Autorin zahlreicher Gedichte, Erzählungen und Essays, lebt im Mittleren Westen der USA.

Chea Villanueva
ist eine vierundvierzigjährige Butch philippinisch-irischer Herkunft, die überzeugt ist, einen Großteil ihrer Kraft den zwei starken Kulturen zu verdanken, denen sie entstammt. Ihre Lyrik und ihre Erzählungen sind in zahlreichen Anthologien veröffentlicht.

Die Übersetzerin

Leicht verführt (nicht nur von schönen Texten), getrieben von der Leidenschaft (nicht nur beim Übersetzen) und von der Liebe (nicht nur zu Worten) kennt Käthe H. Fleckenstein, die als Übersetzerin und freie Lektorin in Frankfurt/Main und Schottland lebt und arbeitet, nur ein Begehren: „Götter oder Göttinnen oder Dämonen, gebt sie mir: meine … passenden Worte … (ach ja, und DIE natürlich auch!)"

Käthe H. Fleckenstein hat die Texte von Diane Carley, Chrystos, Leslie Feinberg, Jenifer Levin, Minnie Bruce Pratt, Stephanie Rosenbaum, Kitty Tsui und Chea Villanueva für dieses Buch ins Deutsche übertragen.

Quellen

Diane Carley: „Hitze" („Pools of Heat"), aus: *Getting Wet. Tales of Lesbian Seductions,* hg. von Carol Allain und Rosamund Elwin (Toronto: The Women's Press, 1993), © 1993 Diane Carley

Chrystos: „Die größte Sadistin der Stadt" („Top Sadist in Town"), aus: Chrystos: *In Her I Am* (Vancouver: Press Gang Publishers, 1993), © 1993 Chrystos

Jenifer Levin: „La Bruja" („La Bruja"), aus: Jenifer Levin: *Love, Death, And Other Desasters* (Ithaca: Firebrand Books, 1996), © 1996 Jenifer Levin

Minnie Bruce Pratt: „Faust" („Fist"), „Quallen" („Jellyfish"), „Stiefel" („Boots"), „Lippenstift" („Lipstick"), aus: Minnie Bruce Pratt: *S/HE* (Ithaca: Firebrand Books, 1995), © Minnie Bruce Pratt

Viola Roggenkamp: „Seidenprobe", aus: *Wer vor mir liegt ist ungewiß. Frauen und Sexualität ab Vierzig,* hg. von Annette Garbrecht (Hamburg: Ingrid Klein Verlag, 1994)

Stephanie Rosenbaum: „Wo du sein willst" („Where You Want To Be"), aus: *Virgin Territory,* hg. von Shar Rednour (New York: Masquerade Books, 1995)

Kitty Tsui: „Regen" („Rain"), aus: Kitty Tsui: *Breathless* (Ithaca: Firebrand Books, 1996), © 1996 Kitty Tsui

Chea Villanueva: „Morgen" („Friends"), aus: Chea Villanueva: *Jessie's Song And Other Stories* (New York: Masquerade Books, 1995)

Die Deutsche Bibliothek – CIP-Einheitsaufnahme
Verführungen
Berlin: Krug & Schadenberg, 1998
ISBN 3-930041-14-6

Heimstraße 19, 10965 Berlin

Originalausgabe
1. Auflage 1998

Herausgegeben von Andrea Krug & Dagmar Schadenberg
Übersetzungen von Käthe H. Fleckenstein, Frankfurt/M. & Schottland
Lektorat, Satz und Gestaltung: Types, Berlin
Coverfoto: Heyde & Pausch Fotografie, Berlin
Druck: Clausen & Bosse, Leck